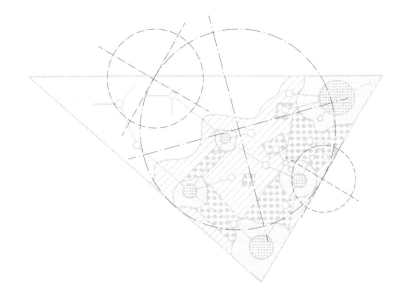

关中村落形态的嬗变

The Evolution of the Village's Configuration in Guanzhong

王赢 著

中国建筑工业出版社

图书在版编目（CIP）数据

关中村落形态的嬗变 = The Evolution of the Village's Configuration in Guanzhong / 王赢著. — 北京：中国建筑工业出版社，2021.6
ISBN 978-7-112-26318-9

Ⅰ. ①关… Ⅱ. ①王… Ⅲ. ①村落—研究—陕西 Ⅳ. ①K928.5

中国版本图书馆CIP数据核字（2021）第136235号

村落形态是村落历史进程固化在形态上的折射与反映，它承载与记录了村落繁衍过程中社会、经济、文化、自然等各方面因素的发展和变化。本书首先对村落形态的相关理论进行研究，指出村落形态研究包括了村落形态的影响因素、本体构成、研究类型划分等，其中的村落形态本体构成又包含了村落的形状特征和精神态势两大方面。之后，本书选取历史时期与现时时期两个典型时期，深入考察关中地区村落形态的发展，通过对比与分析，明确现时期村落形态发展所呈现的特征以及出现的问题和矛盾，并在此基础上架构适合其特征研究的分类体系，归纳与抽象出各类型村落形态的发展模式。

本书适用于建筑学、村落研究、聚落研究等专业研究机构及在校师生阅读使用。

责任编辑：吴 绫 唐 旭 张 华
版式设计：锋尚设计
责任校对：张 颖

关中村落形态的嬗变
The Evolution of the Village's Configuration in Guanzhong
王 赢 著

*

中国建筑工业出版社出版、发行（北京海淀三里河路9号）
各地新华书店、建筑书店经销
北京锋尚制版有限公司制版
北京建筑工业印刷厂印刷

*

开本：787毫米×1092毫米 1/16 印张：11¼ 字数：246千字
2021年6月第一版 2021年6月第一次印刷
定价：49.00元
ISBN 978-7-112-26318-9
（37829）

版权所有 翻印必究
如有印装质量问题，可寄本社图书出版中心退换
（邮政编码100037）

前　言

村落形态是村落发展在形态上的固化与映射，它承载与记录了村落繁衍过程中社会、经济、文化、自然等各方面因素的发展和变化。适宜的村落形态与村落整体发展相适应，能促进村落有序、健康、持续地发展。本书首先对村落形态研究的基本理论框架进行梳理与架构，明确村落形态研究范畴包括了村落形态的本体构成、影响因素、研究类型划分等内容，其中的本体构成又包含了村落的形状特征和精神态势。之后选取历史时期与现时期两个典型时期，深入考察关中地区村落形态的发展，通过对比与分析，明确现时期村落形态发展所呈现的特征以及问题，并在此基础上架构适合其特征的形态分类体系，进而探讨各类型村落形态适宜的发展模式。

明清时期关中村落形态是与农耕生产生活相适应而发展和定型的，静态性和自组织性是其主要特征，村落形态的发展在时间和空间上呈现出高度的稳定性，发展缓慢而受外界因素影响小。因此，对传统村落形态的研究也以静态的横断面剖析为主，将村落形态的研究固化为平面的图示解析，以其形态本身的形式特征进行划分。

现时期关中农村正在经历彻底的嬗变，产业结构调整以及城镇化进程的推进，促使农村中引入了大量的新型产业和城镇化的生活居住方式，较短时间内影响甚至彻底改变了农村长久以来沉积下来的形态结构。而传统的村落形态研究分类方法无力描述与解析关中农村的现实变化，针对这种现象，本书建构了适应关中农村发展的新的村落形态分类研究体系，通过对典型实例的剖析，总结其特征与优缺点，归纳与抽象出适宜各类型村落的发展模式，为研究新形势下农村形态发展提供新的视角，为关中地区村落形态有序健康发展提供理论指导与普适性模式。

目 录

1 —— 绪 论
1.1 问题的提出……………………………………………2
1.2 研究界定………………………………………………3

2 —— 关中村落形态演化的环境因素与历史进程
2.1 区域范围………………………………………………6
2.2 关中自然人文环境……………………………………7
2.3 自然人文环境对村落形态的影响……………………11
2.4 关中村落形态历史演化进程…………………………14

3 —— 村落形态基础理论研究
3.1 村落形态及村落形态研究的内涵……………………24
3.2 村落形态的影响因素…………………………………24
    3.2.1 影响因素的构成……………………………24
    3.2.2 影响因素的作用机制………………………30
3.3 村落形态的本体构成…………………………………33
    3.3.1 宏观层面——规模与分布…………………33
    3.3.2 中观层面——形式与特征…………………36
    3.3.3 微观层面——要素与组合…………………36
    3.3.4 形态的价值模式……………………………38
3.4 村落形态的类型划分…………………………………39
3.5 本章小结………………………………………………40

4 —— 历史时期关中村落形态的发展
4.1 选取明清时期为历史典型时期的原因………………44

4.2 历史时期村落形态影响因素分析·················45
    4.2.1 自然因素的影响·················45
    4.2.2 经济因素的影响·················47
    4.2.3 文化因素的影响·················50
    4.2.4 社会结构的影响·················53
    4.2.5 城镇体系的影响·················55

4.3 历史时期村落形态的本体构成·················57
    4.3.1 宏观层面——规模与分布·················57
    4.3.2 中观层面——形式与特征·················60
    4.3.3 微观层面——构成要素·················65
    4.3.4 形态的价值模式·················70

4.4 历史时期村落形态的类型划分·················72

4.5 本章小结·················77

5 —— 现时期关中村落形态的发展

5.1 现时期含义·················80

5.2 现时期村落形态影响因素分析·················80
    5.2.1 自然因素的影响·················80
    5.2.2 经济因素的影响·················81
    5.2.3 文化因素的影响·················82
    5.2.4 社会结构的影响·················84
    5.2.5 城镇体系的影响·················85
    5.2.6 制度因素的影响·················87

5.3 现时期村落形态的本体构成·················88
    5.3.1 宏观层面——规模与分布·················88
    5.3.2 中观层面——形式与特征·················94
    5.3.3 微观层面——要素与组合·················100
    5.3.4 形态的价值模式·················106

5.4 本章小结·················108

6 —— 现时期关中村落形态的类型划分

- 6.1 现时期村落形态的划分依据 ·················· 110
- 6.2 现时期村落形态的分类 ······················ 111
  - 6.2.1 产业主导型 ·························· 111
  - 6.2.2 城镇带动型 ·························· 128
  - 6.2.3 传统延续型 ·························· 132
  - 6.2.4 迁移撤并型 ·························· 138
- 6.3 本章小结 ································ 142

7 —— 现时期关中村落形态发展模式

- 7.1 关中模式 ································ 144
  - 7.1.1 我国典型农村发展模式 ·················· 144
  - 7.1.2 关中模式 ···························· 145
  - 7.1.3 关中模式启示下的关中农村发展路径 ········ 145
- 7.2 关中村落形态发展原则 ······················ 148
- 7.3 关中村落形态发展模式 ······················ 150
  - 7.3.1 产业主导型村落形态发展模式 ············ 150
  - 7.3.2 城镇带动型村落形态发展模式 ············ 153
  - 7.3.3 传统延续型村落形态发展模式 ············ 155
  - 7.3.4 迁移撤并型村落形态发展模式 ············ 156
  - 7.3.5 关中村落形态发展模式 ·················· 157
- 7.4 本章小结 ································ 160

8 —— 结 语

- 图表目录 ······································ 164
- 参考文献 ······································ 171
- 后 记 ·· 174

1 — 绪 论

1.1 问题的提出

村落是人类聚居环境的基本单元，是我国地域分布最广、数量最多、文化积淀最深厚的聚落形式。传统村落在长期的历史进程中逐步适应与承载了农耕社会的演进，容纳与满足了村民生产、生活、交往等日常需求以及修身进德等精神追求，体现了天人合一、生生不息的朴素生态观念，是适合生产、适宜生活、塑造心灵的理想场所。

现时期广大农村正在经历彻底的嬗变，经济、社会高速发展瓦解了传统的生产、生活结构，农民的职业身份、生活方式、价值取向等发生了颠覆性转变，在这个过程中广大农民普遍表现出了对未来的盲目与担忧。与此相应，村落形态的发展也呈现出盲目与混乱的态势。宏观层面，农村产业结构调整与城镇化进程推进了村落经济、生活逐步纳入城镇区域整体发展范畴之内，成为城乡统筹发展的基础环节。而现时期村落形态与城乡分布格局却沿袭着传统的局面，与农村巨大发展变革相脱节。中观层面，静态性与自组织性的传统村落特征崩溃，村落正遭受日益加剧的外部因素的冲击与影响，新兴产业结构的介入，城镇化的蔓延与扩张，村庄用地的征用与迁移等因素，在较短时间内瓦解了村落原有的自组织体系，使其成为受外界指令安排的它组织系统。村落不再是生产、生活的适宜家园，而成为外界指令的附属品和掠夺对象。比如村域工厂的开设，就侵占了村落的土地、矿产、植被、水等众多自然资源和农村大批劳动力，而且在这个过程中，政府以及村集体缺乏必要的监管与指导。村民从企业中获益甚微，却在环境、资源等方面损失巨大，丧失了村落原有的青山绿水、惬意宜居的家园感。微观层面，层出不穷的"美丽乡村""特色小镇"，往往单调乏味，以此为范本建设的普通农村更是毫无特色，单调的"十"字形街道空间、硕大无用的中心广场几乎村村可见。

面对村落形态的巨大变化，如何分析与解决出现的诸多问题，改善村落的人居环境，为村落形态有序健康发展提供合理可行的指导模式与操作方法，是现时期村落发展亟待解决的重大课题之一。而现时期农村村落形态的发展具有很大的自发性和随意性，缺乏必要的指导和可供借鉴的理想模式，已有的关于村落形态的研究，又多集中于村落形态的微观层面，着重于形态构成要素的研究，缺乏宏观层面和中观层面的分析，导致了村落整体发展的盲目性。有的村落虽然经过了专业的规划，结果却往往肤浅地模仿城市社区的设计模式，缺乏对村落固有形态特征的理解与传承，忽视了农村经济结构、血缘脉络、人际交往、生活方式等与城市的差异，导致了村落规划千篇一律的"被城市化"现象。针对此现状，本书从村落形态的理论研究与村落形态的实践发展两方面入手，梳理与总结村落形态研究的基础理论框架，运用框架体系分析传统村落形态特征及对现实的启示，论述现实村落发展所面临的问题，提出适宜关中村落现实形态特征的新的分类体系，并抽象此分类体系下各类型形态发展的模式，力图为村落形态发展所遇到的问题和矛盾提供切实可行的理论支持与实践范本，促进村落形态有序、健康发展。

1.2 研究界定

1. 研究对象的界定

作为一个区域名称，"关中"有着悠久的历史渊源，其涵盖的范围在不同的背景下有着不同的解释，大致有两关之中、四关之中和五关之中等说法，通常所指的为四关之中。关中一词始现于战国时期，《长安志》指其居于函谷关（今河南省灵宝市东北）、大散关（今陇县西北）、武关和萧关四关之中，因易守难攻、关隘众多，故名"关中"。现在的关中是与陕北、陕南相对的地理概念，统指陕西中部地区。由于现时期村落形态的相关数据多以行政区划为单位统计而成，为了研究方便，书中的关中以行政区划界定，包括西安、铜川、宝鸡、咸阳、渭南五个省辖地级市及杨凌农业高新技术示范区。以关中地区为研究区域的原因主要有以下几点：一是关中区域内村落形态发展较为完备，区域历史文化悠久，村庄密集，村庄形态层级分明，构成要素完整；二是关中地区是陕西乃至整个西北地区经济发展起步早、经济总量发达、城镇化进程较快的区域，现时期村落形态与历史时期有较大变化，是村落形态问题与矛盾比较突出的地域；三是关中区域内多平原，自然条件良好，与陕北黄土高原和陕南山区相比，村落形态发展受自然条件约束与影响较小，其发展模式更具普适性和代表性。

2. 相关概念的界定：农村、乡村、村落、村庄

农村和乡村都是关于区域的概念，两者之间的异同，理论界有两种不同的观点：一种将"乡村"等同于"农村"，认为"乡村"是与城市相对应的概念，而与"农村"一致。如《中国乡村建设》一书认为"乡村是相对于城市的，包括村庄和集镇等各种规模不同的居民点的一个总的社会区域概念。由于它主要是农业生产者农民居住和从事农业生产的地方，所以又通称为农村。"另一种观点则认为"乡村"与"农村"是有区别的。如秦志华认为，"乡村与农村具有很大的重

合性,农村是乡村的主体,乡村地区的绝大部分是农村地区。但是,二者毕竟是有区别的。这不仅表现在二者的范围有所不同,更表现在二者研究对象的角度不一样。农村的概念,是一个产业区域概念,指的是以农业为基本产业的地区。乡村的概念,是一个管理区域概念,指的是乡政权管理的地区。"乡村是与城市相对而言的,标志着社会活动方式的区域差别;农村是与工商业相对而言的,标志着产业布局的区域差别。本书更倾向于第二种看法,即承认农村与乡村概念的区别。因为在近代以前,乡村与农村并无严格的区别。但自近代工业化以来,产业结构的变化使"农村"的概念带有较重的产业特色,"乡村"概念则具有更宽的兼容性。但鉴于两个概念具有相通性,无法截然分开,故在本书的具体写作时不做严格区分,统一使用。"农村"与"乡村"是广义的概念,既包含了所指区域的地域范围,又可以指该区域范围内的社会、经济等众多内容。如"新农村建设"既包括"村容整洁"等村庄建设物质性方面的内涵,又包括发展生产、乡风文明、管理民主等更加丰富的社会、经济、文化内容。相对而言,村落和村庄的概念更加物质化,常指具体的乡村形态物质方面的范畴。

3. 历史时期、现时期

本书中的历史时期与现时期是一个以特征为主体,兼具时间内涵的多义概念。本书选取处于明清时期作为村落形态发展的历史典型时期,简称历史时期。经过长时期发展,村落形态至明清时期已成熟定型,并呈现出高度的延续性和稳定性,可以作为整个封建社会村落形态发展的缩影与代表。现时期则指改革开放以来,尤其是近些年来,随着农村建设热潮,农村社会经济迅速转型,村落形态随之发生重大变化,产生了一系列问题和矛盾,其发展一直可延续至今。

2 — 关中村落形态演化的环境因素与历史进程

2.1 区域范围

关中一般指陕西省中部地区,包括秦岭山脉以北,子午岭、黄龙山以南,潼关以西,陇山以东的区域。北临陕北高原,南接陕南秦巴山地。介于北纬33°35′~52′,东经105°48′~110°35′之间,包括由泾、渭、洛等河谷平原组成的关中平原和渭北高原两大部分。关中地区东西长约360公里,南北宽窄不一,西窄东宽,东部最宽处达100公里,号称"八百里秦川",总面积约5.55万平方公里。行政区划包括西安、铜川、宝鸡、咸阳、渭南五个省辖地级市及杨凌农业高新技术示范区,下辖19个区、32个县、3个县级市;截至2009年年底,关中地区共918个建制镇,9947个行政村,30145个自然村,现状用地面积191427.42公顷,农村人口总数达1249.68万人。本书所指的关中地区,即以行政区划为据划定的这一范围,包括五市和杨凌示范区(图2.1)。①

图2.1 关中区位示意图

---

① 陕西省住房和城乡建设厅. 陕西省村镇建设统计年报, 2010.

2.2 关中自然人文环境

1. 自然环境

环境是人类生产和生活的场所,是人类生存与发展的物质基础。一般来说,人类的生存环境包括自然环境和人文环境两大部分。自然环境是人类赖以生存、发展生产所必需的自然条件和自然资源的总称,包括气候、水文、地形、土地资源、水资源、生物资源、矿产资源等方面。这里主要介绍对村落形态影响较大的气候、水文、地形三大因素。

1) 气候条件

远古时期的关中地区气候温暖湿润,如半坡遗址中就发现了大量獐、竹鼠等热带动物骨骼的存在。至西周初年,气候转冷,在持续1~2个世纪后的春秋时期才逐渐回暖,汉代时该地区为亚热带气候。魏晋南北朝时期关中地区又经历了一次时间较长、温度波动较大的寒冷期,到隋唐时期则温暖湿润。在经历了数次寒暖交替的变迁后,逐渐形成了目前这种较为干燥、寒冷的气候特征。

现在的关中地区属大陆性气候,区域内四季分明,冬夏较长,年平均气温12.0℃~13.6℃。冬季多西北风,雨雪稀少,干燥寒冷,易造成春旱;夏季则被太平洋副热带气压所控制,易形成大面积降水;秋季暖湿海洋性气团由于秦岭的阻挡,常造成阴雨天气。区域内年平均降水量地区分布很不均匀,变化幅度在550~700毫米之间。

2) 水文条件

关中属于渭河流域,水资源主要分布在渭河及其支流上,关中城市群也主要分布在宝鸡至潼关的八百里秦川的渭河川道。但渭河水量正逐年减少,是我国严重缺水的地区,按人口和耕地平均占有水量仅为全国平均水平的17.3%和15%。且流经黄土高原地区的支流泥土流失十分严重,水质环境进一步恶化。区域内水资源分配不均匀,水资源组合不平衡,渭河以南河流占全区河流的三分之二,水资源总量占区内67.6%,而耕地面积和人口却仅占全区的五分之一;渭河以北的河流占三分之一,水资源仅占32.4%,耕地面积和人口却分别达到五分之四和五分之三。加之水资源的65%集中于汛期,使得水资源短缺问题更加突出。水资源时空分布不均和水土资源组合的不平衡性,成为制约区域经济发展的一个重要因素。[①]

3) 地形地貌

关中地区包括关中平原和渭北高原两大部分,关中平原又称渭河平原,是由

---

① 王文科,王钊. 关中地区水资源分布特点与合理开发利用模式 [J]. 自然资源学报, 2001, 11.

（a）渭河两岸地貌　　　　　　　　　　（b）渭北高原

图2.2　关中地貌图

河流阶地、冲积平原、山前洪积扇组成的地貌综合体。渭河自西而东流经此地，经过多次侵蚀和堆积旋回，渭河两岸发育着多级河流阶地和河漫滩，成为关中平原的基本地貌。地势西高东低，海拔高度在320～900米之间。关中北部的渭北黄土台塬区又称渭北高原，塬面宽广，是沿渭河两岸呈阶梯式分布的黄土高阶地平原，一般高出渭河水位100～300米，海拔在460～850米之间，由秦岭和北山向渭河倾斜，以数十米或近百米的陡坎与阶地相接（图2.2）。渭北高原是西安北面和西面的重要屏障，受到建都西安历代王朝的重视，西汉王朝和唐王朝的离宫和陵墓大多分布于此地。虽然关中地区在文化上具有一致性，但由于该地区东西延伸达300多公里，南北兼跨平原、山地、台塬等不同地貌，各地市自然条件和景观条件差异较明显。西部的宝鸡市地形地貌类型多样，山、川、原、丘兼有，川、原面积占19.5%，山丘地则高达80.5%；咸阳市则主要以平原、高原为主；关中中部的西安市，山区面积占全市总面积的二分之一；而位于关中东部的渭南市，则较平坦，多平原，可利用土地高达96%，是"八百里秦川"中最为宽阔的地带。自然禀赋的差异，是造成历史上关中地区县域经济各具特色且多样化的最根本原因。

2．人文环境

人文环境是相对于资源环境而言的概念，与自然环境一起构成人类的生存环境，人文环境包括了一定区域内的历史沿革、文化传统、水利、经济、交通、军事、社会行为等众多因素。

1）水利建设

关中地区古代水环境良好，水资源较为丰富，素有"荡荡兮八川分流"的说法。且水利建设历史悠久，早在秦统一六国之前就已经开始农田水利建设，如著名的郑国渠，汉武帝时修建了以长安为中心的农田水利网，有白渠、漕渠、成国渠、龙首渠等水利工程，其灌溉面积几乎遍及关中各地（图2.3）。隋唐时期除恢复以前的灌溉工程外，又修筑了能代表当时水利事业最高成就的三白渠。宋徽宗

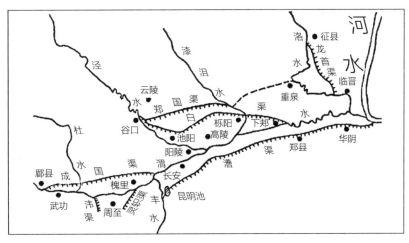

图2.3 汉代关中水利工程图

大观四年（1110年），三白渠灌溉面积激增至三万五千零九十余顷，为唐宋时期的顶峰。唐宋以后，关中地区水利工程呈现新的发展趋势，表现为大型水利逐渐衰落，小型水利日趋蓬勃。由农户挖掘和拥有的小型灌溉设施在秦、汉、唐时期虽有发展，但数量较少，宋后各代，特别是清代和民国时期，小型水利得以普及和进步，这种现象明显地反映了关中在全国政治地位的衰落。此外，一个地区水利工程的规模也能反映出其社会结构的诸多特征。如在长江和珠江三角洲地区，典型的治水工程规模需要数十、数百乃至数千人的劳力，这恰恰是一个宗族组织所可能应付的，宗族组织的规模与水利工程的规模是相符的。而宋代以前关中地区水利工程的较大规模正是与关中地区国家机器的庞大、宗族组织的不发达以及民间力量的弱小等情况是相适应的。宋代以后关中地区小型水利的普及也正反映了其政治地位的削弱。总的说来，宋以后由于政治中心的东移，水利工程日渐势微，至清末，全省仅有灌溉面积50余万亩。

现时期关中地区加强了水环境的治理与建设，建成了陕西三河湿地自然保护区、西安泾渭湿地自然保护区、宝鸡千湖湿地等大型自然保护区。此外中小型水利景观也纷纷建成，如宝鸡的金渭湖、杨凌的水运中心、咸阳的咸阳湖、西安的浐灞生态区、铜川的漆水河水面工程等。这些水利工程与自然的河流水系纵横交织，加上点缀于各处的水景观、湿地，使关中具备了良好的水生态环境。

2）历史沿革

关中自古以来就是兵家必争之地，是华夏古文明最重要、最集中的发源地之一。公元前21世纪的夏朝时期，关中就有扈国、骆国等早期国家形式的出现，至周武王灭商在关中建都，关中更是进入了一个新的历史发展时期，此后先后有13个王朝在此建都，历时1100多年。关中农业在周人迁岐之后不断发展，农具不断改进，农作物种类不断增加，休耕轮作制度逐渐推广，并有了完整的沟渠灌溉系统。周昭王之后关中地区经济逐渐凋敝，周幽王十一年（公元前771年），镐京被攻破，周平王迁京洛邑，关中经济发展开始减弱。后秦人崛起，至秦襄公受封岐至秦灭，历时近300年，在此期间关中地区农业相当发达，牛耕普遍采用，并且出现了铁犁，还修建了郑国渠，土地大量开垦，灌田一度达4万顷。此后至隋唐时期关中均为国都所在地，经济繁荣，人口众多，唐长安城人口最多时超过100万，是当时世界上最大的城市。唐安史之乱后国运衰退，唐昭宗时国都被迫迁往洛阳，长安城彻底被破坏。北宋建都汴梁后，中国政治重心东移，关中地位始渐衰落，逐步丧失了全国政治、经济、文化中心地位，退居次要地位，但仍不失为西北重地。

3）对外交通

古代关中地区是沟通整个亚欧大陆的桥梁和枢纽，陆路上从关中向东可直通我国华北、华南及东北的广大地区，最远可至邻国——朝鲜和日本；向西经河西走廊出玉门关则是古代著名的商路——丝绸之路，丝绸之路的开通不仅使关中地区与我国西域诸国相通，更可达南亚的天竺、波斯、大食及欧洲的罗马等国；从关中向南越过陈仓等关口，则可直通巴蜀，到达"天府之国"及云南等地，甚至更远的东南亚诸国。此外，关中的内河航运也相当便利，虽然地处内陆无海运之便利，但关中附近的渭河、黄河、汾河等大的河流都具有航运之利。如汉代中叶，每年从关东地区向长安运输的四百万石粮食，主要是利用黄河水、斜水、渭水等内河航运送达京城长安的。关中地区还修筑了众多的运河，如广通渠、永济渠、通济渠等，这些运河与关中及其邻近的诸河道一起构成了一个较为发达的内河航运网。这些水运网既加强了关中与东部地区的联系与交往，弥补了陆路交通局面的不足，又便利了农田的灌溉，促进了农业的发展。唐时关中"渭、洛、汾、济、漳、淇、汉，皆互达方域，通济舳舻"，是当时内河航运的真实写照。

4）文化传统

关中地区是我国古代文化的重要发祥地之一，数千年文化的沉淀，形成了关中地区浓郁丰厚、特色鲜明的文化传统。关中丰富的文化积淀，孕育了关中农村丰富多彩的民间传统文化艺术。在造型艺术方面，剪纸、面花、彩灯活灵活现，充满生活气息；在表演艺术方面秦腔苍凉、雄浑，耐人寻味；在生活习俗方面，关中农民古朴、重礼仪，各种节日庆典丰富而颇具内涵……悠久的文化在关中农村生活的各个方面都有体现。许多流传下来的文化传统在今天已经成为十分珍贵的非物质文化遗产，而关中传统民居的形成与风格特色，受关中民间文化艺术的浸染，蕴含了丰富的民间艺术传统内涵，在格局、材料，尤其是细部装饰方面更是与传统民间艺术一脉相承（图2.4）。

(a) 华阴老腔　　(b) 面花　　(c) 泥塑　　(d) 剪纸　　(e) 秦腔　　(f) 造纸

图2.4　关中非物质文化遗产

2.3　自然人文环境对村落形态的影响

1. 自然环境对村落形态的影响

自然环境在村落发展中的作用不容忽视，尤其是在古代社会生产力水平低

下,自然环境所起的作用更得以凸显。关中地区自然环境对村落形态的影响主要体现在以下几个方面:

1) 优越的自然环境成为原始村落定居的理想场所

关中属平原地区,周围群山环抱,南部是我国南北气候地域的分界线——秦岭,西部和北部是绵延起伏的北山山系,东部是华山。首先,周围的群山构成了关中平原的天然屏障,保障了关中平原的安全。其次,关中平原水资源丰富,河流密布,且关中泽薮、湖泊数量众多,如位于三原、泾阳两县之间的焦获泽,位于潼关西南的阳华薮,以及镐池、兰池等,形成了水网密布、河湖纵横的水资源分布。再次,关中林业资源丰富,众多的森林和植被,为人们取材建屋提供了优良的树木,又可以调节气候,保持水土,涵养水源。这些优越的自然环境促使关中成为村落定居的理想场所。早在数十万年前这里就出现了原始的蓝田人和大荔人,至新石器时代渭河中下游平原更是已经发展成为我国主要的农业区。在这里,半坡人、姜寨人以石器为生产工具,建村造屋,饲养家畜,制陶纺织,创造了辉煌的原始农业文化。

2) 良好的生态环境促进了农业经济的持续发达

从原始社会历经奴隶制社会再到封建社会,关中地区的生态环境一直十分有利于农业文明的发展,是我国较早进入农业文明的地区之一。封建社会早期中国四大文化区域逐渐形成,包括平原农耕文化区、草原畜牧文化区、山林采猎文化区、江湖渔业文化区。关中地区是平原农耕文化的典型代表,也是我国古代三大农业经济区之一,土地平坦、肥沃、气候温和,有灌溉条件并可进行雨养旱作农业。由于渭河及其支流的冲积,关中地区形成了众多塬面,且面积广大,如著名的周塬,西起千阳河东到漆水河,宽达15公里,其范围相当于现在陕西凤翔、岐山、扶风、武功四县的大部分地区。塬面覆盖下的关中土壤在当时的中国版图内是最有利于农业生产的。《尚书·禹贡》把全国划分为九州,关中属雍州,雍州的土壤是上上等,"厥土唯黄壤,厥田上上"。且古时关中森林植被茂盛,除秦岭和渭河北部山地,即使在关中平原上也有众多森林,良好的自然条件促成了坚实的农业经济基础。至战国时期,关中地区已经成为我国最著名的产粮区,"积粟如丘山"。至秦汉时期,关中农业经济更为发达,秦时关中耕地只占全国总耕地面积的三分之一,人口占全国的十分之三,而财富却达到了全国的十分之六。隋唐时期仍定都关中,在前代发展的基础上,统治者特别重视农业的发展,不仅推行均田制与租庸调制等手段提高农民生产的积极性,还大力兴修农田水利工程,这些措施的推行,进一步促进了关中地区农业经济的持续发展。至安史之乱前,关中平原一直是我国的主要产粮区域。农业经济的持续发展促进了关中人口的增长与村落数量的增加,保证了村落的持续发展。

3）优越的地理位置推动了农耕文明的不断进步

关中北、西、南三面环山，东边是潼关天险，具有"一夫当关，万夫莫开"之势，这种进可攻、退可守的独特有利地势造就了"关中自古帝王州"的局面，历史上先后有13个王朝建都于关中地区。秦国正是依靠关中"沃野千里"的自然条件和"被山带河，四塞以为固"的险要地势灭六国，统一天下。此后至宋朝迁都中原之前，关中地区一直是我国政治统治中心所在地。王朝的定都保证了关中地区农耕文明的持续进步，是关中地区村落发展最重要的政治保证。对村落形态的影响则表现为村落在选址、建造、装饰细节等各方面都体现出丰富的文化底蕴与区域性格，村落大气、规整，体现出皇家风范的影响。

2. 人文环境对村落形态的影响

1）便利的交通促进了对外经济文化交流

关中地区便利的交通促进了对外经济文化交流以及民族和文化的多样性。关中地区同当时许多国家都有着广泛而密切的政治、经济、文化联系，这不仅扩大了关中人民的视野，也丰富了关中人民的经济文化生活。如唐长安城就设有西市，专门经营来自西域各国的商品，本土的丝绸、瓷器也通过这里流向世界各地。唐时长安胡人云集，不仅有商人，还有各种文化交流使者。这对于关中农村经济、文化的发展起到了直接的带动作用。

2）悠久的历史促进村落形态的完备发展

关中地区历史悠久，尤其是封建社会早期的先秦汉唐，一直是中国统治中心所在地，也是全国政治、经济中心，人口稠密，村落众多。如在韩城地区可以确认在元代及元代以前建村的村落就多达102个。关中地区自然村的村落规模往往在长时期的发展过程中逐渐扩大，小型村落多为明清时期建村历史相对较晚的或由于地形限制而形成的散村。据陕西省村镇建设统计年报数据表明，2009年关中地区共有自然村30145个，其中200人以上的自然村占到68.3%，1000人以上的自然村高达11.6%。自然村常以一个姓氏命名，如党家村、蒋村、上王村等，虽然以姓氏命名的自然村不一定是单姓村，但通常是主姓村，形成大聚居、小杂居的格局。村落形态发展完备，民居形制成熟，在院落布局、细部装饰等方面十分讲究；村落的祭祀空间（祠堂、庙宇），祈福空间（塔楼）等公共空间无论从规模、数量、形制上都很完备；且由于农耕文化的久远，传统的纲常伦理在关中农村有着深厚的基础，宗法关系持久，祠堂、庙宇等宗族建筑数量多，规模大。到了现时期，虽然祠堂等宗族建筑不复存在，但村民宗族意识、文化传统依然强烈，村民的文化底蕴十分深厚。如李洪峰在其西安农村调查报告中这样描述："西安历史文化底蕴深厚，是可以从大地上读历史的地方。看似其貌不扬的农民，却可以写得一手好字。农户日子过得虽然有穷有富,但家家户户门楼上的牌匾和对联却写得绝不含糊。一个几乎没有念过书的老汉,讲起汉唐故事,竟如数家珍,自豪之情溢于言表,时不时还会冒出几句文言古语。许多农村基层干部精明干练,头脑清楚,谈起发展思路,有板有眼,头头是道。"①

3)传统农耕文化浸染出重视房屋营建的传统

关中地区是传统的农业种植区域,在此基础上形成的关中文化以农耕文化为主体根基,注重伦理纲常,民风淳厚务实。发达的农业经济促使关中农民具备了不依赖外界要素,独立封闭发展的模式。所有这些培养了关中农民保守、封闭、安分稳定、怕冒风险的群体性格。由于生存条件优越,故传统上少有人为了生存而奔波于异地他乡,所以当地很早就有"老不出关(潼关),少不下川(四川)"的谚语。安土重迁的性格也形成了关中农民重土恋家、重视房屋营建的传统思想。对关中农民而言,房屋是财富的标志,这种消费观影响了关中农民意识深层的价值取向和行为模式,更蕴含着村民对村庄生活价值的认同。直至今天,这种重视房屋营建的传统依然深厚。虽然关中农民的消费水平较低,但在村民的消费中,房屋建设排在首位,村民十分热衷于建房。仅2009年,关中农村建新房的户数就达58162户。②

2.4 关中村落形态历史演化进程

1. 村落起源与内涵

村落是与城邑相对应的概念,两者均起源于原始聚落,并随着农耕文明的进步而迅速发展。至迟在龙山文化时期,聚落已开始分化为中心聚落与普通聚落,并逐步演化为城邑与乡村。中心聚落转化为城邑并成为一定区域内政治与经济的中心,普通聚落则演化成为依附于中心聚落的周围的村落。至汉代这种分化已全面完成,形成了中国封建社会以村落为基本细胞,以城邑为核心的上下贯通的中央集权制国家形态。

早期的聚落是建立在"分土封侯"基础上的,即最高统治者拥有全国的土地,以其名义向其臣属重新分配土地,臣属亦实行分封,形成"王—诸侯—卿大夫—士"层层分封的制度。这种分封制度不仅分配土地,还包括土地上的生产者,且实行世袭制度。这种聚落即庄园聚落,庄园聚落拥有自己的武装,不仅是

---

① 李洪峰. 西安农村调查[M]. 北京:学习出版社,2004.
② 陕西省村镇建设统计年报[J]. 陕西省住房和城乡建设厅内部资料.

一个自给自足的经济单位，还拥有一定程度的政治与军事职能，是奴隶制晚期、封建社会早期大量存在的农耕聚落类型，此后随着封建经济的发展而逐渐衰落，至汉唐时期已演化为普通村聚落。

汉唐时期是中国古代村落形态与乡里之制的重要转折时期。"里"制产生于春秋战国时期，是基层行政单位，汉代乡村行政组织的特点是里聚合一，即里作为法定基层单位，涵盖整个城邑与乡村社会。所谓"聚"是指自然意义上的乡间聚落，不具备行政意义，也不是基层编制单位，其规模大小不一，甚至相差悬殊。最少的聚可能只有几户人家，而规模大者可达千余户。因此，大聚会依户数划分成若干个里，而较小的聚则若干合并为一个里。但此时期除少数规模较大或较小外，里与聚是重合的。即在实际的地方建制中，政府通常在现有自然聚落基础上设里，每个聚落设置一里，故出现了百家一里、五十家一里等不同的说法。至魏晋南北朝时期，里与聚逐渐分离，作为自然聚落的"聚"其地域概念渐为普及，成为具有一定独立性的地域与行政单元。其名称也由"聚"逐渐普及为"村""村落"。村的独立性表现为村落成为基本的税收单位，具有一定的治安管理功能，且是连坐的基本单位。"一人犯史，则一村废业"。且村落还是基本的社会事务单位，晋朝时，政府救助、垦荒、流亡人口安置多以村为单位进行。从秦汉时起，随着封建制经济的出现与巩固，自耕农人数逐渐增多，相应的以自耕农为基础的村聚落逐渐取代早期庄园聚落成为我国封建社会农耕聚落中数量最多、最为普遍的类型。与庄园聚落相比，自耕农身份的村民拥有更多的民主与完全的人身自由。村聚落通过族法、家规等宗法制度维持村落的整体发展。

至唐代，里的规模与等级逐渐上升，"里正"作为唐代一乡最高长官，执掌一乡之政，管理各个村正，乡里之制正式让位于乡村之制。唐代村落在籍贯认定、地域标识等方面也完成了对里的替代。唐例"在邑居者为坊""在田野者为村"，以法律的形式对这种制度进行了认定。里聚中的祭祀、教化、互助等功能也为村落所承袭。就社会结构而言，"村落与城邑的区界点有三：其一，村落中的居民几乎完全是自给自足的农民与农民家庭；其二，村落的规模明显小于城邑，并且以城邑为权力中心与经济中心；其三，村落无论大小，都自成一体，有着自己的祭祀、信仰、宗法血缘以及其他组织体系，是社会的基本细胞。"[①]至唐始，"村落"的内涵得以清晰并确认，并为后世所沿袭。

综上所述，从两汉时代的里聚合一到魏晋南北朝时期的里与聚分离，再到唐代的乡里合署与村落地位的确认，村落作为农村地区基本聚落单位与基层社会单元的概念、称谓及内涵得以正式确立和巩固。

---

① 马新，齐涛. 汉唐村落形态略论[J]. 中国史研究，2006年（2）.

2. 原始社会关中地区村落形态发展

关中地区由于优越的自然条件和丰富的自然资源，很早便被原始人选为聚族而居的理想居住地。据考古发掘表明，早在距今8000年～7000年的旧石器时代早期，关中地区就已经有了众多原始人的活动。这些遗址多分布于关中东、中部，洛河、渭河流域的西安、蓝田地区，关中西部仅有零星发现。遗址一般位于依山傍水的较高台地上或两河交汇处地势较高处，面积一般较小，多在1万～2万平方米之内，文化堆积较薄，遗迹分布零散而稀疏，遗物贫乏。到了新石器时代，关中地区人类文化遗址向河谷平原扩张，形成以关中东部华县和西部宝鸡为中心的聚集[①]（图2.5）。此时人们是逐水而居的，但并非漫无目的地在河流旁随处居住，往往舍大河而居于支流旁，以防止河流泛滥所带来的危害。居住方式也不再仅仅表现为单个独立居住点，而是以群体的形式出现，如浐河一线的仰韶文化遗产就存在着两两相对、沿河分布的现象。按照聚落群规模大小和数量的多少可将这些聚落划分为特级聚落、一级聚落、二级聚落和三级聚落，各级聚落之间呈现出金字塔形的社会等级结构。关中地区仰韶文化聚落群共44个，聚落遗址1162处，占全国仰韶文化遗址数量的近40％。由此可见，关中地区早在新石器时代已是人类聚集密集的地区。[②]（表2.1）

图2.5 关中石器时代文化遗址分布图

[①] 国家文物局. 中国文物地图册·陕西分册 [M]. 西安: 西安地图出版社, 1991.
[②] 马新, 齐涛. 汉唐村落形态略论 [J]. 中国史研究, 2006 (2).

关中地区仰韶文化聚落群统计　　表2.1

	聚落群	特级聚落遗址	一级聚落遗址	二级聚落遗址	三级聚落遗址	聚落遗址总数
西安地区	7	3	5	18	84	110
铜川地区	3	4	3	9	45	61
宝鸡地区	13	8	8	61	462	539
咸阳地区	11	9	14	44	136	203
渭南地区	10	8	9	42	190	249
合计	44	32	39	174	917	1162

据考古遗址表明,仰韶文化是以农业文化为主的文化形式,由于定居而出现了房屋和聚落,聚落多位于河流两岸的阶梯状台地上,一般包括居住区、制陶窑场和公共墓地等部分,聚落的形态规模大小不一,面积一般在3万~5万平方米,最大的可达数十万平方米。位于西安市东郊浐河东岸台地的半坡遗址,是一处典型的新石器时代仰韶文化原始母系氏族公社村落遗址。村落遗址总面积约5万平方米,共发现房屋遗迹46座、圈栏2处、窖穴200多处、陶窑6座、各类墓葬250座以及生产工具和生活用具近万件。村落平面为南北稍长、东西略短的不规则椭圆形,分为以壕沟围绕的居住区、壕沟以北的公共墓地区和东部的制陶区三大部分。居住区在其中心部位,有一座12.5米×14米近于方形的房屋,可能是氏族的公共活动——族会议、节日庆祝、宗教活动等的场所。居住区周围有壕沟环绕,沟深、宽各5~6米。沟北是公共墓地,沟东有陶窑场。半坡人的生活是以农耕为主,兼有畜牧养殖和采集等的综合经济形态。

姜寨遗址位于骊山北麓临潼区城北约0.5公里处临河东岸的二级阶地上。遗址范围总面积5.5万平方米,东西长310米,南北宽180米。整个遗址群包括五组房屋群及三片墓地,据推测应分属于几个氏族,这几个氏族又组成一个部落,共同构成了一个完整的原始村落。两条壕沟将整个村落划分开来,沟外为墓地区,内为居住区,壕沟对村落起到了防御作用。居住区中部有个面积约为4000平方米的广场,广场周围分布着几组建筑群,每组由一座大型房屋和十几或二十几所中小型房屋构成,所有房屋的门均朝向中央广场。小型房屋一般15平方米左右,有圆形和方形两种,应是对偶家庭的居所。中型房屋面积20~40平方米,一般为方形,周围围绕有小型房屋。大型房屋共5所,均为方形,面积最大的达124平方米,周围环绕着中、小型房屋(图2.6)。值得注意的是,目前发现的1000多处仰

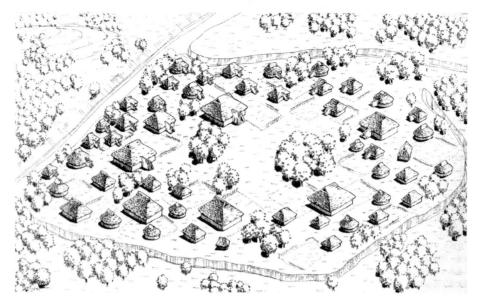

图2.6 关中早期农耕聚落原型

韶文化遗址,有400多处密布于关中。尤其在浐河沿岸仅40公里地段内,就发现了13处遗址,可见在母系氏族时代,关中地区聚落十分兴盛发达。

长安县客省庄遗址为父系氏族公社时期的代表。遗址位于西安市西南,村东紧邻沣河,距沣河西岸约400米。客省庄文化一直持续到西周文化出现时为止。房屋均为"吕"字形的浅穴式,由内外两室组成,中间夹一通道,这种"吕"字形平面,表现出房屋空间由单室向双室组合的转变趋势。房屋内室为方形或圆形,外室则均为长方形。外室中常有一柱洞,为支撑屋顶的柱穴,圆形房屋内则多无柱洞,靠周围支斜椽来支撑屋顶。

3. 奴隶社会关中地区村落形态发展

夏商周时期,农业虽然仍保留了原始农业的许多痕迹,但在生产工具、农业技术等方面都有了长足进步,尤其是黄河中游流域的农业生产提高尤为明显,此时期虽然统治中心曾数次迁徙,但位于黄河中游的黄土高原地区始终是农村聚落空间地理分布最为密集的区域。原始社会时期由于水患的威胁,人类只能定居于地势较高的坡地。此时,由于生产力水平的提高及治理黄河的进展,人类开始大规模向河流两岸低平地区及广阔的平原地区迁徙定居,关中地区此时期人口逐渐稠密,村落逐渐增多,还出现了很多城邑。

夏商时期,关中地区先后形成了许多聚落和早期国家。主要分布在扈国(今西安鄠邑区一带),周国(岐山周原),崇国(其地域包括今户县、长安县及西安地区),豳国(今彬县一带),邰国,姜嫄国(在今武功县一带),犬戎国(今岐山县北），戏成国（今白水县城），中国，吕国（今周至、眉县一带），芮国（今韩城）。大荔戎国（今大荔县）、亳戎国（今兴平县），骊戎国（先在今渭南一带，后迁至临潼），莘国（今合阳县），杜伯国（今长安县）。众多聚落和部族的存在表明此时关中地区已成为人口聚集的重要地区之一，为村落的形成和定居奠定了基础。

西周时期是关中地区村落发展的一个重要时期，农业发展水平较高，手工业则相对落后。关中平原农业在周公亶父从彬县、旬邑一带迁至周塬以后开始初具规模。周塬北靠岐山，南临渭河，为农田灌溉提供了有利条件。周人为农业民族，至此更勤于劳作，开垦新田，使当地农业迅速发展起来。据《诗经》《史记》等书籍的记载，西周时关中平原的农业生产技术和管理水平已相当高，农作物除了适宜北方水土的黍、稷、粟、麦以外，还种植了水稻。西周定都关中地区，在沣河两岸及周塬遗址上都有大量建筑群遗址的发现，尤其是沣河西岸一带，凡是地势较高的地方就有西周居住遗址的出现，遗址位于高处避免了沣河河水在夏秋两季的泛滥。现有的遗址既有贵族的宫殿也有一般劳动者的居所。周塬遗址上的岐县凤雏村、扶风县召陈村等西周早期和中期的大型建筑群遗址是宫殿类建筑群的代表，表明周族迁居周原时已有相当发达的文化和营造技术。长安县张家坡遗址则为普通劳动者居住的土穴式，面积较小，屋内有凹形小灶和斜坡形的狭窄出口，代表了当时普通居住者村落的情形（图2.7）。

图2.7　凤雏村遗址

西周时期的建筑遗址表明，西周时期关中建筑已有了明显的阶级分化，"考究的房屋，有数进庭院……以木结构为框架，用夯土为墙壁。"但广大普通劳动者居所仍处于穴居、木骨泥墙的原始状态。"穷困人家，蓬门荜户，四堵土墙，用破了底的瓦瓮，填在土壁上，作为透光的窗户"。① 在建筑文化上"周礼"这一影响后世建筑的重要因素也逐渐凸显并确立。

4. 封建社会关中地区村落形态发展

春秋末期中国社会开始由奴隶制社会向封建社会转变，至战国时代封建制度逐步确立。这段时期古代中国社会发生了巨大的变动，诸侯国林立，城市规模逐渐扩大，财富集中，加上战乱频繁，各诸侯国相继开池筑城，城池建设数量大幅增加。住宅、宫殿、士大夫的住宅类型及构造做法也逐渐定型。但关于农村聚落的研究及记载则相对较少，现有研究表明，关中农业在此时进一步发展，如《商君书》记载的"开阡陌"就说明了耕作面积的扩大。同时期的水利建设也颇具成就。早在秦统一六国之前就已经开始农田水利建设，如郑国渠的开凿，由现在泾阳县西北引泾水东流，灌溉所及地区包括现在的泾阳、三原、富平、高陵、临潼、蒲城及渭南等地，全长三百多里。郑国渠的开凿使泾水以东渭水以北的大片盐碱地得到冲洗，成为良田，也为此地区村落的广泛发展提供了保障。汉武帝时又兴修了六辅渠、白渠、漕渠、成国渠等，使渭河两岸土地都得到良好的灌溉。长安附近被称为"天下陆海""酆镐之间，号为土膏，其贾亩一金"。②

西汉时期是关中地区村落稳步发展的一个时期，封建经济进一步巩固，工商业不断发展，对外贸易往来及文化交流也十分频繁。此时，由于铁质农具的普及和畜力耕田的推广，许多旧时未开垦的土地得以开发利用，经过200余年的安定，经济发展及村落空间密度都达到了空前的水平。汉时村落有自成一体的防卫与监督体系。一般有壕沟或土墙环绕。至西汉末年，由于战乱频繁，各村落常于外围做高大结实的堡、营壁等，有时还有门楼，夜晚关闭里门，实行宵禁。单体建筑方面，平面和外观日趋复杂，高台建筑日趋减少，楼阁建筑逐渐增加。

隋唐时期的建筑继承了两汉以来的成就，并进一步吸收外来建筑的影响，成为中国古代建筑发展的成熟期。唐初实行的均田制，使农民获得了一定的土地，兴修水利，扩大农田，促进了农业生产的进一步发展。隋唐时期由于长安城的首都地位关中平原再度成为全国政治中心，农田水利建设倍受重视。唐前期在渭河南北修复了大量汉魏以来的旧渠并开凿了众多新渠，但效益却不理想。但关中地

---

① 许倬云. 中国历史文化的转折与展开[M]. 上海：上海文艺出版社，2006，6.
② 汉书·东方朔传.

区仍不失为我国著名的产粮区,"田肥美,民殷富""天下之雄国也"。且关中建都后多次迁徙各地豪强,进一步充实了关中地区人口和经济实力。

五代十国的割据战争使中国封建经济遭受了重大损失,尤其是对位于中部的黄河流域的影响则更为巨大。北宋建立后,统治阶级采取了诸多措施如:均定赋税、兴修水利、开垦荒地等措施,逐渐恢复了农业生产,农村中众多定期的集市逐步形成市镇。在建筑方面,宋朝建筑的规模一般比唐朝小,但风格更加秀丽而富于变化,形成了自唐朝以来的又一个新高潮;明清时期的建筑多是在宋朝基础上不断丰富发展起来的。但由于国都东迁,关中地区丧失了全国政治中心的地位,农业经济及村落发展受到一定影响,明清时期关中村落形态的具体内容将在第4章详细记述。

3 — 村落形态基础理论研究

3.1　村落形态及村落形态研究的内涵

村落形态是指村落在历史发展过程中逐步形成和定型的村落的形状特征和精神态势，内容上主要包括了物质性的村落形状特征等村落形态的表象内容以及该表象所蕴含和反映出的村民的价值观念和审美取向等精神态势两大方面的内容。物质性的表象又可具体划分为宏观、中观、微观三个层面：宏观层面主要指村落空间规模与分布，包括村落空间体系的架构、村落的规模、村镇体系的分布；中观层面即村落的形式与特征，主要指一定时期内村落形态形状式样及其特点；微观层面主要指村落的构成要素，如街巷空间、民居形制、边界、节点等特征与要素之间的相互组织。村落形态随着村落的定居发展而在不断地更新变化，具有动态的、多义的内涵。

村落形态的研究则更是一门涉及众多内容的理论体系，不仅涵盖了以上关于村落本体的研究，还涉及村落形态的影响因素、类型划分等内容。村落形态影响因素众多，如何归纳与整合值得关注，其作用机制也不容忽视；关于类型划分根据研究者不同的研究目的与研究基础有多种方法，通过分类加以区分和比较，可以明确各类型自身的特点，加深对研究对象全面、深入的理解。所有这些内容一起构成了村落形态基础理论研究的框架。

3.2　村落形态的影响因素

3.2.1　影响因素的构成

影响村落形态发展的因素众多，且各影响因素在不同空间、时间下的作用机制与表现形式也各不相同，为了研究方便，本书将影响因素加以概括和整合，归纳为自然因素、经济因素、文化因素、社会结构、城镇体系、制度因素六大因素。

1. 自然因素

在众多影响因素中自然因素属于显性因素，对村落形态的影响直接而显著，尤其是在传统村落中其影响力更为明显。由于传统社会生产力水平较为低下，顺应和利用自然是人们对待环境的基本态度。自然环境对建筑形制和村落布局形式往往起着十分重要甚至是决定性的作用。人们根据本地区所特有的地形、气候、材料等建造房屋，由于各地自然环境的差异而形成了风格迥异、各具特色的民居和村落。影响村落形态的自然因素主要有地形地貌、气候、建筑材料、水资源、土地承载力等，其中地形条件和气候条件的影响尤为明显。不同的地形条件常常成为村落类型风格迥异的主要原因：位于平原地区的村落由于地形平坦，形态发展较随意，为了节约耕地，村落往往积聚成团发展，街巷空间较平直，形成集村。由于交通便利，经济发达、人口也相对较多。而位于山川丘陵地带的村落由于依山就势、灵活布局，所以空间分布较分散，形成散村。且山体的存在阻碍了交通，可用于耕地的面积较少，所以往往规模较小。此外，气候条件对村落形态的影响也较为明显，我国北方干燥寒冷地区的村落为了抵御冬季冷风的侵袭，民居的布局相对紧凑，街道的界面也比较封闭。而南方潮湿炎热地区的村落布局则注重通风、降温，街巷空间较为较窄，街道界面相对开敞，以有利于气流在村落中穿行。自然环境对形态的影响还表现为对地域性材料的使用，如陕北丘陵地区有由于缺乏良好的石材、木材等建筑材料，村民便利用当地黄土直立性强且沟壑纵横的特征，发展出适宜聚居的窑洞村落。在渭北高原广大地区，由于塬上地势平坦，无崖沟可依，只能掘地为窑而广泛流行地坑窑式村落。榆林西北接近毛乌苏沙漠的地区，由于土质沙化，地方可供建造房屋的材料十分缺乏。但当地盛产沙柳，沙柳根系发达，固沙效果十分明显，且具有"平茬复壮"的生物习性，即沙柳像割韭菜一样越砍越旺，用刀齐根砍下这些沙柳，切成七八十厘米的新苗，三年就可以成材。但是如果不砍掉长成的枝干，到不了七年，沙柳就会成为枯枝。砍下的沙柳往往随意堆积，当地传统上便用这种沙柳作为支撑材料，外面抹泥墙作保护层，形成当地特有的民居形式——柳笆庵子。这种民居建造方便，造价低廉，经济适用。在陕北绥德、清涧等地由于盛产砂质石板，村中民居的围墙、窑洞的门脸便多就地取材用石板做装饰（图3.1）。

到了现代，人们对自然地形地貌的选择与改造能力逐步提高，对自然的依赖性逐渐减弱，自然环境对村落形态的影响与制约作用被削弱了。如在陕北丘陵沟壑地区，由于新式住宅的诸多优越性，村民更多选择在相对平坦的区域建造住宅而放弃了传统的窑洞式民居。在渭北高原，由于地坑窑占地面积较大，浪费土地，所以也早已无人问津。而且现在的建筑材料如水泥、钢筋、砖木等购买方便，且建造方法相对简单，建造时间短，所以在村落中普遍流行，材料的同一性直接导致了各地农村中民居趋同现象，村落形态的地域性逐步消失。

(a) 柳笆庵子内景　　　　　　　　(b) 柳笆庵子外观

(c) 清涧地区石板围墙　　　　　　(d) 石板窑脸

图3.1　自然因素对村落形态的影响

2. 经济因素

　　经济形态及其发展水平对村落空间形态的发展也有着极为重要的影响。经济形态是对人类历史上某特定历史发展阶段最先进生产力和生产活动的抽象描述，包括生产模式、主导产业、基本结构及政策等。经济形态决定了村民的生产内容、方式、规模，制约与限定了村民的生产行为，从而影响到村民生产空间、生活空间的划分，进而影响到村落形态的发展。这一点在党家村形态中有着非常明显的体现。党家村人在清中后期已从原有的以土地耕作模式为主的农业经济转向从事商业经营为主，虽然还拥有土地，但相当大一部分人以经商和雇佣他人耕作为主，脱离了直接的土地劳作。这些人主要居住于大巷两侧的宅院，占据了村中的核心位置，宅院为典型的关中窄院式四合院，高大气派，装饰精美，以日常居住为主要功能。而在这些院落外侧靠近村落周边的地方，则分布着以农耕或手工艺加工为主的生产性宅院，这些院落根据村民需要而建，兼顾生产和生活，院落空间较大，而不以四合院为限。院中可以容纳日常的农作物晾晒、家禽饲养或小型手工劳动，但院落常常低矮简陋，与精美的四合院形成较大反差。这种情况在其他村落也有明显反映,以居住为主要功能的生活性院落常常较规整,形制完备,采用标准合院式。而兼顾生产用的院落布局往往较随意,以方便生产和生活为主,没有固定形式。如华县梁堡村汪天喜民居,家中后院的安排以方便皮影雕刻为主,而不刻意追求形式的规整(图3.2)。

农村经济形态的内容包括了农业经济总量、农村产业结构特征和分配、水利等农业相关工程的发展等内容。农业经济的总量与特征,尤其是种植业的发展水平,是传统农村生活的物质保障,也是村落发展的前提和基础,还是村民生活水平和生活状态最直接的影响因素。水利等农业相关工程的发展水平是农业经济发展水平的重要体现和指标,也是农村经济发展的推动力。农村产业结构的特征和分配即农村中各种相关产业的形式和比例,决定了村民日常生产活动的内容、方式,也决定了农民的职业身份和职业需求。现时期许多生活在村落中的农民已经不再以务农为生,其职业身份的改变带来对居住和村落空间需求的改变。

传统村落生长于以自然经济为基础的社会,自然经济是自给自足的经济,生产目的主要是为了满足生产者个人或经济单位的需要,而不是为了交换,是存在于市场范围较小的一种经济形态。在中国地主制经济中,这个范围大体相当于一个乡镇,包括这个地区的地主、农民、各种工匠、手艺人还有小商人。他们在地方小市场上进行物品调剂,余缺调剂,互相取得原料或成品。传统社会由于物

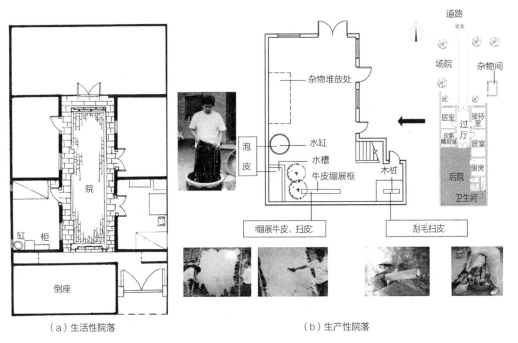

(a) 生活性院落　　　　　　　　　　(b) 生产性院落

图3.2 不同经济结构影响下的民居形式

品、信息流动的有限性，建筑材料、建造工艺等的选择和流动范围极其有限，村落的建造因此也高度依赖于地理环境及其所提供的自然资源。村落与民居的形态也以满足村民自身生产生活为目的，方便日常的居住，家禽的饲养、粮作物的收割与晾晒等活动。

明清时期，随着商品经济的勃兴，农村贸易交流增加，带动了村镇生活质量的提高，村落生活中开始逐步出现与容纳商业生产和交流。村落形态向有利于商业发展的方向改变和完善，主要表现为村落街巷空间界面、尺度的转变，村镇商业网络的密集与村庄商业节点空间的繁荣等。

近代家庭联产承包责任制的实行，彻底瓦解了中华人民共和国成立后农村集体所有制的土地经营模式。村落共有的集体化、规模化生产方式被单个农户经营所取代并且细碎化，原来为集体所共有的生产资料如土地、生产工具、家畜等被分配到各农户，村民开始在自家院落前后饲养牛、猪、鸡等家禽，并直接促进了农户庭院农业的蓬勃兴起。这对村落土地的分配以及院落空间尺度和功能划分都提出了新的要求，同时带来了民居及村落物质形态的改变。

而现时期，商品经济的迅速发展，加之农村土地的廉价与丰富的资源，直接导致了农村中大量农业用地甚至居住用地被转变为生产用地，大规模工业业态的介入迅速全面地颠覆了传统村落生活，也肢解了传统村落的固有形态。物资、信息、交通的顺畅沟通，增加了村落与乡镇的经济联系，各级商业网点与各类商业空间渗透入村落，进一步加剧了村落形态的改变。现实期农村经济形态的转型与重构正是导致村落形态发生巨大改变的本质原因，传统村落形态与当前经济结构的矛盾是村落形态发展矛盾重重的根本。

3．文化因素

文化因素是影响因素中较为稳定和隐性的因素，相对于政治、经济等因素而言，文化在社会进程中的作用更具稳定性和独立性。文化是社会历史的积淀物，是人们长期物质创造和精神创造的产物，一旦形成便具备了一定的独立性，其变化也具备渐进性和滞后性。文化是根植于人们思想中的精神坐标，对村落形态的影响通过制约村民的思想和行为而间接表达，不像自然因素的影响那么直接而明显。文化的内容较为宽泛，它包括了一个国家或民族的历史、地理、风土人情、传统习俗、生产方式、文学艺术、行为规范、思维方式、价值观念等。这些文化因素通过建构村民的思维方式从而指导其日常行为，通过影响村落的营造活动，如对待自然的态度、房屋建造的形式从而作用于村落形态的变迁。特定的村落形态是与特定的文化结构和背景相适应的，文化因素的变迁也会带来村落形态的改变。

对传统村落形态影响较大的文化思想有：以农为本、安土重迁等社会心理结构；以血缘为基础的宗族观念；注重伦理道德的儒家思想；提倡道法自然的道家学说等。它们建构了村民聚集而居的定居思想以及理想村落形态模式。

现时期，广大农村正处于社会经济转型时期，农业在社会经济地位中的下降导致了传统农耕文明的衰落，城市文明异军突起更将农耕文明推向了崩溃的边缘。传统的安土重迁的社会心理结构逐渐解体，以血缘为基础的宗族观念也逐步淡化，村落作为农耕文明浸染下一种适宜的居住方式，其物质形态所赖以支持的文化基础已经断裂，村落形态也因此丧失了必要的文化底蕴和文化约束，变得混乱而盲目。

4．社会结构

社会结构主要指社会阶层结构，即一个国家或地区内国家与各社会成员以及各社会成员之间的组成方式及其关系格局。社会结构决定了各成员在社会中的作用和角色，以及他们的心理意识和行为习惯。在我国传统的农村社会中，农民是人口最多的阶层，但他们往往不能够真正代表自己行使权力，其话语权与自我意识的表达，需要通过其他阶层而得以彰显，这些阶层的审美喜好与文化倾向造就了乡村聚落的审美与价值取向。

5．城镇体系

传统社会中，农业是社会的主导产业，村落作为物质资料生产场地和消费场地是独立的自给自足的社会系统，不依赖所在地区城镇的存在与发展。相反城镇作为国家意志的体现与商品交易场所，其物质财富的供给则几乎全部依赖于农村。传统村落的发展动力与制约因素主要来自于村落中人口的增长与土地供养的丰沛，是自我循环发展的自组织系统。

而现如今村落的发展越来越离不开所在区域城镇的整体推进。在城乡统筹发展的大背景下，区域资源配置、城乡体系的分布与发展水平对村落整体发展以及形态的改变都起到了十分重要的作用。距离城镇较近且交通发达的村落，村落各项要素如资源、农作物、信息、文化观念、生活方式、基础设施配置等与城镇交流通畅，村落形态的发展受城镇化作用明显，农村城镇化速度较快，程度更加彻底，村落形态的改变度也较强。反之，距离城镇较远的村落其村落形态的改变度也相对较弱。

6．制度因素

制度是人们共同遵守的规程与行为准则，营造制度、建设法规等建设制度是影响村落空间形态形成较为直接而显性的因素，发挥着持久而深远的作用，有力地制约了村落形态的发展。我国历朝历代围绕营造活动都有一系列相关法规制度，可以直接规定某时期村落及民居的规模、样式、色彩、装饰等诸多方面，并根据工匠们长期实践活动中所总结出的营造方法，明确建筑材料、施工技术和建筑组合方式，从而影响到民居和村落空间尺度、肌理、界面和构成。"周法""秦制""鲁班经""营造法式""工程作法则例"等都是我国历史上较为重要的法规制度。传统村落由于信息、交通闭塞，工匠受师承影响，采用模仿和类推的积累方式，形成了各地固有的村镇营造模式，使得传统村落空间形态有了稳定的形体和界面，能够长时间呈现出统一有序的形态。

此外，土地分配制度对村落形态的影响也尤为重要。我国传统社会以土地丰沛制度作为建立和调整农村居民点的基本方式，激励或抑制村落规模的发展。如古代推行的"井田制"，以土地私有化为标志，大大调动了农民的积极性，促进了农业体系的初步形成，为村落形态的定居发展奠定了基础。再如，我国传统的等级制度也对村落形态有一定的影响作用，历史上我国传统社会等级制度十分严格，民居的形制、色彩、构件的规格等都有明确的规定，不得越级而建，否则视为"僭越"。如宋景祐三年（1036年）八月三日，宋仁宗颁诏："天下士庶之家，屋宇非邸店、楼阁临街市，毋得为四铺作及斗八，非品官毋得起门屋。非宫室、寺观毋得绘栋宇及间黑漆梁柱窗牖，雕镂柱础"。[①]就十分明确地规定了民居的形式、色彩等内容，对民居的形态产生了直接的影响。

现如今，村落作为我国农村基本居住单元，国家和地方政府对其制定了一系列宏观政策和具体的规划设计法规，用于指导农村包括村落形态的发展。对村落道路规模、道路等级、民居规模、高度、公共空间的配置等问题制定了详尽的发展规范，从宏观和微观两方面对村落及其形态发展起到了结构性的影响和指导。

除了以上几种主要因素，影响村落形态发展的还有交通因素、军事因素以及一些不可预知的偶然性因素，众多因素共同作用形成了不同的村落形态。

3.2.2　影响因素的作用机制

村落的定居与生长是农业社会人类定居繁衍的物质体现，是人们生存的客观需求。人们选择适合生存的地点定居下来，建造房屋，开荒种田，抚育后代，逐渐形成了村落，之后随着人口增长而不断生长、分裂。受土地供养力的限制，在

---

① 宋会要辑稿·舆服四之六 [M]. 北京：中华书局，1957.

人口规模合理范围内，村落逐渐定型，稳定发展。村落的生长是自发的过程，在这个过程中，由于各种影响因素的不同，形成了形态各异的村落。各因素对村落形态的影响也具有很大的无序性，但这并非表明影响因素对形态的作用是无规律可循的。相反，影响因素的作用有其自身规律和作用机制，主要表现为以下三个特点：影响因素的实效性、影响因素的交融性、影响因素的层级性。

1．影响因素的实效性

影响因素对村落形态的作用具有一定的时效性，即特定因素在不同时间其影响作用也不同。如自然因素在传统村落形态发展中往往起到决定性作用，而到了现代，其支配性作用则大大降低。交通便利、生活方便才是人们选择住址的首要条件，以党家村为例，党家村老村依塬傍水，选址于地势较低的葫芦形沟谷中，既方便了水源，又避免了冬季西北寒风的侵袭。而其防卫作用的寨子——"泌阳堡"则雄踞于村北2公里的土塬上，易守难攻，村内民居、道路也随地形而自由变换。老村的选址和建造体现了以自然环境为基础，顺应自然的态度。但老村旁新村的建设则选择了老村北部塬面平坦交通便利之地，放弃了依塬傍水的传统吉地，背山面水的村落选址让位于交通便利和生活方便，从对自然环境的顺从转变为对交通的依赖。而且村内民居也是普通单层或两层砖混结构，与关中其他区域村落无异，毫无特色可言。村民摒弃了自然环境的限制和束缚，选择了与外界更方便联系与交往的村址，表明了自然环境在村落选址和形态发展上的影响作用正逐渐式微。但失去了特定自然的约束，新村的发展也丧失了其独特性与亲和性（图3.3）。

（a）党家村新村　　　　　　　　　　（b）党家村老村

图3.3　党家村

2. 影响因素的交融性

交融性是指各因素对村落形态的影响不是简单、机械的叠加，而往往相互交织、相融而生。如自然环境的影响不仅仅是单纯孕育了村落的物质形态，特定自然环境在长期历史发展中往往已经沉淀为一种地域文化景观，并通过日积月累的环境熏陶进一步塑造出了整个当地人群的行为心理和性格。自然要素的影响作用超越了单纯的地理自然，通过对当地人群的整体构造，而构造了当地的文化、社会和生活。而这种文化、生活则又会反过来影响村落形态的发展，将自然、文化、社会等诸多因素相互交织，共融发展。

3. 影响因素的层级性

各影响因素对村落形态的作用也不同，根据其特点和作用方法可以将其划分为物质层面、制度层面和精神层面三个层级。物质层面的影响因素主要包括自然因素；制度层面的影响因素主要包括经济因素、制度因素和城镇体系；精神层面的影响因素主要有文化因素。物质层面主要是人与自然交互作用产生的影响；制度层面涉及了人与社会交互作用的产物；而精神层面则是人与自我意识关系发展的产物。

物质层面的自然因素主要影响了民居形式、符号、材料、装饰、色彩等成形的物质形态；制度层面的经济因素、制度因素和城镇体系，影响了建造活动中的建造技术、空间格局、流线组织等；精神层面的文化因素，影响了人们相对固定的审美观念以及寄托于村落形式的好恶观念。其中，物质因素是固态的、显性的，它通过可触知形态的传播、流行直接影响村落形式；制度因素是较深层次的影响因素，它不可以被触知，但可以被感知，如轴线、方位等；精神层面是无形的、隐性的，不能够被直接感知，需要通过村落的营造活动以物质或制度的形态来显现。这三个层面不是孤立存在的，而是相互作用、相互整合，从而形成不同的村落形态。有的村落中自然因素的影响较显性和成熟，有的则在制度和文化方面表现得更为规范而持久。一般说来，在自然条件比较独特的区域，村落的营造过程要更多地回应自然条件，即村落形态影响因素的重心表现为物质层面，在这样的区域，如果自然特征在延续，那么村落形态的延续也比较稳定，即传统形式、材料、建造方法的继承比较直接和明显，如陕北地区的窑洞形式。而在关中平原地带，村落形态已经较为成熟和制度化，加之该地区自然环境较优越，村落的发展过程所受自然因素制约相对较小，故其形态的差异也以制度和精神层面的影响因素表现较多（图3.4）。

图3.4 影响因素的层级性

3.3 村落形态的本体构成

村落形态本体构成是对村落形态本体的研究，是村落形态研究的基本内容和核心价值，在内容上包括村落形态宏观、中观、微观层面的物质特征和形态的价值模式。通过对村落本体构成的描述与分析，可以直观、清晰地反映村落形态的基本状况和特征，从而清楚、准确地获取村落形态整体意象。

3.3.1 宏观层面——规模与分布

1. 宏观层面的内涵

村落形态宏观层面主要指村落的规模与分布，包括村落用地规模、人口规模的大小及其特征，村落分布规律及其特点等内容。村落规模是村落宏观层面中较为活跃的因素，变化较快并且受一定客观规律制约，主要研究某个地域内村落规模的大小及其在各数值区间的分布状况。通过村落规模合理性及现状特征分析可以指导村落规模在合理范围内有序发展，遵循客观规律，防止村落规模过大或过小。

村落分布包括了该区域内村落分布规律、特征，村落分布历史演进过程，村落分布现状、存在问题和发展对策以及村镇体系分布等内容。村落分布是在长期历史发展中逐步形成的，受所在地域自然、经济、政策等因素的影响和制约。除了少数迁移型村落外，今天的村落绝大多数是在传统村落所在地因袭而来。研究村落分布可以掌握该区域内村落发展所呈现出的整体特征以及所面临的问题，通过合理调配，指导各要素在区域内各村落之间以及村落与城镇之间合理分配，安排村落的空间布局，统筹土地利用和城乡规划，指导村镇发展和建设，促进城乡经济、社会和环境协调发展，明确村镇体系结构，统筹布置县域基础设施和社会公共服务设施，防止村落空间布局的任意和盲目。

2. 村落空间形成与扩展理论模型

村落起源多是自发的，形成原因则多种多样，"但最主要的经济动因则是为了耕作方便，农业生产离不开土地，农民只能就近定居在田地附近，他们生活在这块土地上，繁衍后代，并世世代代从事农业生产劳动，于是村落便星罗棋布地分布在广袤的土地上。"[①]

这段话道出了聚落体系形成与扩散的经济动因，表明了经济驱动力在村落体

---

① 张小林. 乡村空间系统及其演变研究 [M]. 南京：南京师范大学出版社，1999.

系形成和发展中的重要性，聚落发展要顺从既定经济规律，其空间体系形成与扩散模式也遵循既定的客观规律和法则。聚落空间体系形成与扩散模式影响较大的有拜兰德的聚落扩散模式与麦吉模型。20世纪60年代，拜兰德（Byland）在研究瑞典拉普兰中部地区殖民聚落扩散时概括了4种模式，其中A和D代表了沿岸区位的空间扩散模式，B和C代表了一般形式。加拿大学者麦吉（T. G. McGee）则针对第三世界国家尤其是中国的发展提出Desakota模型，概括了中国工业化进程中，通过发展乡镇工业促使城市外围地带高速增长，形成了"城市与乡村界限日渐模糊，农业活动与非农业活动紧密联系，城市用地与乡村用地相互混杂的结构"的空间经济转变模式。这些模式多带有普适性特征，架构了聚落发展的理想模型（图3.5）。

针对关中地区传统聚落空间体系形成与演化的研究也早已展开，并取得了一定进展，其中尹怀庭的成果影响较大，其所构架的空间体系模式为："在开发初期或历史上每次社会大动荡结束后的生产恢复期，聚落数量少，密度低，因此就会形成以聚落为中心的环形土地利用带，即最靠近聚落的园地、高产耕地、中低产耕地及耕作半径外的林地、牧地、荒地等非耕地。随着聚落内人口不断增加，在耕作半径内人均耕地数量不断减少。由于农业进步缓慢致使人口增长对农产品的需求量增长远快于单位面积产量的增加。因此，一方面人口增加使聚落扩张，建筑用地蚕食耕地，耕聚比不断下降；另一方面，为了有效对付人口增长带来的经济压力，聚落除少许扩大耕作半径把少量非耕地变为耕地外，首先是改造原有中低产田为高产田，增加农产品产量，而后，当腹地内土地不堪人口增加的重负时，就会有部分人口迁到聚落之间的非耕地上，把这些土地改为耕地，新聚落就会产生……长期发展的结果是，平原上聚落不断衍生，最终会遍布整个平原，形成密集的大小相间分布的聚落体系。平原上的土地几乎全部转化耕地，农耕业成为聚落经济的主体。"关中平原乡村聚落的平均规模可达400~500人，聚落的中

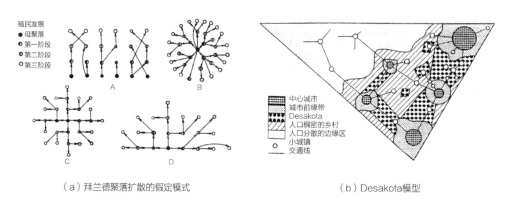

（a）拜兰德聚落扩散的假定模式　　　　（b）Desakota模型

图3.5　村落空间形成与扩展理论模型

心常常为公共水源、道路交汇点或公共活动场所。①

这种关中聚落空间体系扩散及大小村落相间分布的模式在韩城地区有非常明显的体现。在韩城，村落历史越长，村庄规模往往也越大。如明代已有的村落规模往往数倍于清代所建村落。以韩城西庄镇为例，明代以前村落共有24个，其中耕地面积在1200亩以上的大型村庄就达13个之多，600亩以上的中型村落9个。而清代所建的26个村庄则规模较小，大多为碎型村落。其中人口不足百人的村有15个，耕地也多在200亩以下。②

聚落空间扩散具有一定的模式，村落规模发展也遵循一定客观规律。根据学者张小林的研究，这种规律性首先表现为村落用地规模应介于村落最小生产半径和最大极限半径之内；其次，某一区域内村落空间分布是长期自发形成的结果，是不同规模村落之间的博弈与妥协。所以，先建的村落必然会对后行村落产生影响。大村落与小村落相互伴随则是这种历史演化的必然结果。一旦整个区域空间填充完成，村落人口继续增加则需要部分人口外流以减轻压力，或对现有空间进一步集约化利用。传统村落中农业劳作以家庭为单位，土地投入主要靠人力和畜力，故村落规模以人和畜力的体能为限，村落的规模取决于家庭耕作的最大半径（R_{max}）。随着距离增大，劳动强度增加，家庭可耕地量呈线性减少，当可耕地减少到0时的距离即可看作家庭最大活动半径。但每个村落还存在一个最小的生存半径，即能够维持村落全部人口生存的最小空间（R_{min}），村落实际规模介于两者之间即为合理（图3.6）。除了客观规律的作用，村落规模的发展也受人为规定的影响，如《礼记·王制》就记载"凡居民，量地以制邑，度地以居民，地邑民居，必参相得也"，就证明古人已经开始重视村落规模与周围耕地之间相互依存、相互制约的关系。

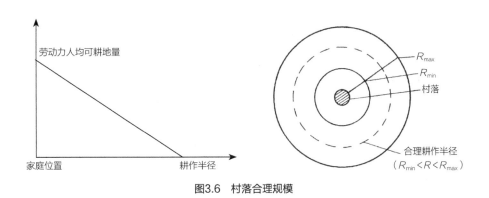

图3.6　村落合理规模

---

① 尹怀庭，陈宗兴. 陕西关中地区乡村聚落空间结构初探 [J]. 西北大学学报，1993，10.
② 周若祁，张光. 韩城村寨与党家村民居 [M]. 西安：陕西科学技术出版社，1996.

3. 现时期村落形态宏观层面研究的不足

村落空间形成与扩展理论模型多侧重于村落发生、发展初期空间形态进展的构架与推测，对现阶段村落发展新特征的探索则相对较少。且研究理论层面的剖析多于实践层面的思考，缺乏对村落现有形态特征、问题及发展方向和发展模式的讨论，无法对村落形态发展提供合理、有效的引导与支持。本书正是针对村落形态混乱、无序发展的现状，以实践调研为基础，通过对典型村落全面深入的调查，分析村落形态出现的问题与差异，用分类的方法对各类型村落的发展提供指导。

3.3.2 中观层面——形式与特征

村落形态中观层面——形式与特征，主要指一定区域特定时期内村落形态所呈现出来的共同特点，包括村落的组织特征、形态特征、变化特点等内容，对特定时期村落形态中观层面的研究，不仅仅是对村落状况的总结与描述，更应针对该时期村落形态的变化，深入剖析其所在自然结构、经济结构、社会文化结构的变化，解析这些特征形成的社会、政治、经济方面的成因，明确村落形态与社会背景之间的作用机制，架构与该时期经济社会文化发展相适应、协调的村落形态模式。

村落形态中观层面是本书内容的重点和核心，现时期村落形态发展分类以及发展模式的划分和界定也主要是依据中观层面形式与特征的不同来进行划分。它关注各组成要素共同作用所呈现出来的整体特点与共同特征。摒弃了微观层面单个要素变化的随意性和偶然性，具有理论和实践上的稳定性和可操作性。

3.3.3 微观层面——要素与组合

村落微观层面主要研究村落各构成要素以及要素之间的组合原则、方法等内容。村落构成要素众多，如何选取和界定研究要素是研究的首要课题，本书参照城市形态要素研究相关成果以及他人对于村落形态要素体系的研究，选取自然环境、民居、节点空间、街巷空间、边界五大要素作为村落微观层面要素体系的内容，并分别研究其影响。（图3.7）

1. 自然环境

自然环境是构成村落形态的基本要素之一，是村落赖以产生、延续的基础。

作为人类定居的基本形式之一，村落对自然要素的依赖程度比城市更高，自然要素在村落形态中所起的作用也远比城市更加明显。中国传统村落营造注重将村落和自然环境作为一个整体来布置、经营，遵循天人合一、顺天法地的自然观，顺应、利用自然的地形、山势、水体、植被等特征，并将其纳入村落景观，使整个村落景观与自然环境很好地融为一体，使自然环境成为村落形态构成中的重要骨架。

在对自然环境的选择上，中国村落普遍追求以风水理念为名义的理想景观模式。该模式以环境优良的传统理念为基本格局，通过修正所在地域的自然环境来附会这种模式，表达了村民希望借助模拟和顺应天象以取得上天庇护的心理。且这种相对封闭的理想空间模式，对我国北方平原地区村落形成良好的局部生态和小气候也具有十分明显的现实作用。不仅达到了村落与自然环境有机合一的整体自然观，并体现了尊重自然、巧用自然、珍惜土地、注重山水的生态原则。（图3.8）

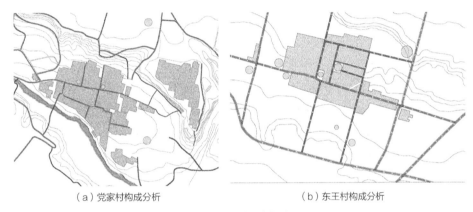

（a）党家村构成分析　　　　　　　　　（b）东王村构成分析

图3.7　村落形态构成

图3.8　传统村落理想景观模式

2. 民居

民居是村落形态最重要的构成要素，数量多且与村民日常生活密切相关，在塑造村落景观方面也更加直接和明显，传统村落可以看作是一个民居的集合体。民居是村民在长期与自然环境斗争、妥协中而逐渐探索、定型的，是"没有建筑师的建筑"，经过千百年的建造、更替、融合，形成了丰富的传统文化遗产，众多民居相互组合构成了村落的主体景观。

3. 节点空间

关中村落虽然多为团聚状，但其内部发展却并非呈匀质状，村落中的民居紧密排列成面状，边界和街巷为线性空间，除此之外，还有能够凝聚人群，成为视觉焦点的点状节点空间。节点空间主要有各类型的公共建筑、公共设施、标志物等，在功能上满足了村民的日常公共活动需求；在视觉上打破了单纯民居空间的单调感，增加了空间的层次感，丰富了空间的节奏；在构图上形成了村落的点状空间，活跃了村落的构成形态。

4. 街巷空间

街巷空间是村落中的线形空间，在功能上起到了联系交通、促进交往的作用，解决了村民之间以及村落与外界的联系，是村落的经脉。在形态构成方面活跃了由公共建筑、民居构成的点面体系，将整个村落串联成一个有机的整体。街巷空间的材质、明暗、界面、尺度等都会影响街巷空间的功能和使用者的心理感受。

5. 边界

边界是两种空间的交接线，凯文·林奇在《城市意象》中这样定义边界："边界是线性要素……是两个部分的边界线，是连续过程中的线形中断"。这种边界的定义强调了边界两侧空间的差异和区别。此外，关于边界效应的研究也表明了边界对于区域的重要性。森林、海滩、树丛、林中空地等的边缘都是人们喜爱的逗留区域，而开敞的旷野或滩涂则无人光顾。清晰、明确的边界对于村落意象的形成具有重要作用，明显的、易于识别的村落边界更有助于形成完整的村落意向。（图3.9）

3.3.4 形态的价值模式

村落形态的形成往往是自发和随意的，但这并不意味着村落形态的发展毫无

(a)线状村落边界—道路　　　　　　　　(b)面状村落边界—树林

图3.9　村落边界

规律可循，相反一个区域内村落形态往往具有一定的共性，其特征与演变共同遵循一定的规律性。这是因为在一定区域内，村民文化价值观念、风水观念、生活方式等有着共同的认知与信仰，在此共同基础上所形成的村落形态也表达出相同的组织原则，其形态不仅承载和反映出其所处的自然条件和共同的行为准则，更渗透与折射出村民内心深层次的哲理内涵与价值模式。

形态的价值模式是指由村落形态特征所反映和折射出的村民的价值观念与审美特征，是对村落形态深层次的思考与剖析。村落的形式与特征不仅是对其物态的图示语言的总结表达，其形态本身也表达了内在的价值模式。对形态所反映的价值模式的发掘与总结，是对村落形式物态特征的升华与深化，反映了村民内心的心理期盼和理想诉求，加深了对村落物态特征的理解与关注。理想价值模式的转变会带来村落形态的改变，是村落形态转变的深层动因和本质内涵，培育理想价值模式是引导村落形态有序、健康发展的持续而深刻的动因。

3.4　村落形态的类型划分

村落形态研究类型划分按照不同的划分原则有多种方法，各划分方法体现了研究者各自的研究目的和研究基础，从不同角度对村落形态进行了阐释和研究。通过分类，将各类型之间加以区分和比较，明确各类型自身的特点，加深对研究对象全面、深入的理解。

村落形态研究类型的传统划分方法是按照村落形态本体的特点进行划分。如彭一刚《传统村镇聚落景观分析》就按照我国村落所在不同的区域环境所形成的各类风格的村落将其划分为平地村镇、水乡村镇、山地村镇、背山临水村镇、渔村、窑洞村落等。这种划分方法以直观的视觉感受为基础，具有很强的直观性和可操作性，明确了各地区村落形态之间的差异，体现出自然环境尤其是地形地貌对村落形态的影响。

在特定区域内对村落形态的进一步划分，也往往是以村落本体的固有形态特征为出发点的。如周若祁、张光主编的《韩城村寨与党家村民居》一书，就按照村落中居住场所的形态将村落分为集村和散村两大类。"农户住宅集中布置，组成较为紧密的群体，称为集村或集中式村落；农户住宅分散布置，耕地穿插于其间的，称为散村或分散式村落，"[①]按照具体形状的不同，将集村又进一步细划为块状村落、团状村落、条状村落、梭状村落和线状村落。

上述划分方法是建筑学范畴内对村落形态的划分方法，而尹怀庭的研究则从地理学角度对陕西三大地区乡村聚落分布状况加以比较，从表3.1中可以看出，陕西三大地区的聚落分布形态明显不同。关中以聚集型村落为主，达到总数的60%，散居型仅为10%，而陕南、陕北村落形态则较分散，各种形态的村落分配较均衡，造成这种情况的原因主要是地貌和历史发展状况的不同。这种划分方法直观地反映出三大地区之间的差异，体现了自然历史尤其是地理分区对村落形态的影响。由此可见，村落形态不同划分方法所解决的问题与适用范围各不相同。

陕西三大地区乡村聚落分布状况　　　　　表3.1

地理区	聚集型聚落		松散团聚型聚落	散居型聚落
	单核心	双核心		
关中	40	20	30	10
陕北	25	10	40	25
陕南	20	20	30	30

3.5　本章小结

本章属于本书的基础研究部分，梳理与总结了村落形态研究的基本理论。明确了村落形态以及村落形态研究的内涵，指出村落形态包含了村落的形状特征和

---

① 周若祁，张光. 韩城村寨与党家村民居 [M]. 西安：陕西科学技术出版社，1999.

精神态势两大部分内容,而村落形态研究包括村落形态的影响因素、本体构成以及类型划分三大部分。村落形态影响因素主要有自然因素、文化因素、经济因素、制度因素、社会结构、城镇体系等六大因素。各因素对村落形态的影响具有很大的不确定性,但其作用机制具备以下几个特征,即实效性、交融性、层级性。村落的本体构成包括宏观、中观、微观三个层面,宏观层面主要指村落的规模与分布,包括村落分布、村镇体系组织、村落规模等内容；中观层面形式与特征主要指一定区域特定时期内村落形态所呈现出来的共同特征,包括村落的组织特征、形态特征、变化特点以及由这些特征所反映和折射的村民的价值观念与审美特征即形态的价值观念,是对村落形态深层次的总结与剖析。微观层面主要指村落形态的构成要素如自然环境、街巷空间、民居、节点、边界等的特征与各要素之间的组合原则、方法等内容。为了更加深入、细致地研究村落形态,不同时期、不同特征村落形态的研究也需要有与其适宜的分类研究体系。

4 — 历史时期
关中村落形态的发展

中国传统社会历时久远，本书选取明清时期作为村落形态发展的历史典型期进行研究。明清时期中国农耕社会全面发展、定型完备，经济发达，人口众多，此时期关中地区农村聚落也有了长足发展。村落数量大幅增加，村落规模逐渐扩大；村落分布、格局、特征及各建筑形制走向成熟和定型，奠定了关中村落形态发展的基本格局。本书将依照上一章所建构的村落形态研究框架考察明清时期关中村落形态的发展，剖析其影响因素、本体构成及分类体系，全面而深入地描述了明清时期关中村落形态的发展。

4.1 选取明清时期为历史典型时期的原因

1. 纵观整个封建社会，中国农村社会经济形态与村落空间形态都呈现出缓慢变化的特征，与近现代、当代村落发生的较大变化相比，更多地表现出延续性。自《诗经》《尚书》等所描述的商周时代直到清末民国初年，关中农村一直处于农耕时代，村落空间形态的变化仅表现为数量的增多与规模的扩大，本质特征并没有根本的改变。正如马克思所说的，中国像一个"保存在密闭棺木里的木乃伊"。马克思认为，导致社会经济结构的稳定性和社会发展停滞性的直接原因，是社会内部农业和手工业的牢固结合，即一种自给自足的自然经济。"这些自给自足的公社不断地按照同一形式把自己再生产出来，当它们偶然遭到破坏时，会在同一地点以同一名称再建立起来。这种公社的简单的生产机体，为揭示下面这个秘密提供了一把钥匙：亚洲各国不断瓦解、不断重建且经常改朝换代，与此截然相反的是，亚洲的社会却没有变化。这种社会的基本经济要素结构，不为政治领域中的风暴所触动。"[①]社会形态的延续性和继承性导致了传统村落形态的封闭和稳定性，故处于封建末期的明清时期，其村落形态的发展可以作为整个封建社会村落形态发展的缩影与代表。

2. 其次，中国的封建社会经过几千年的发展，至明清时期已成熟定型。经过明清两代，关中村落形态已有了长足发展，在村落分布、形态特征等方面已经逐渐定型，奠定了近代村落的基本格局与形制，村落营造与建设水平也达到了封

---

① 马克思. 资本论第三卷 [M]. 中共中央马克思恩格斯列宁斯大林著作编译局译. 北京：人民出版社，1953.

建社会的最高阶段,为研究关中农耕社会村落形态提供了合适的范本。

3. 历史遗存虽然可证明不少村落在唐宋时期或更早就已存在,但具体的描述则鲜有记载,除了沿用的村名外,已无迹可寻,许多村落的历史只能朦胧地追溯到明朝初年。关中地区现有村落大多是在明清时期形成,并在此基质上发展壮大的。以韩城地区为例,依据县志及地方志等资料的记载,可以确认年代的村落数量为:"元代建村及元以前已有的村落102村,属于明代建村的有186个村落,明代前村落的数量达到288村。清代人口增殖迅速,共增加了465个村落,村落数量达753村。自元迄清六百余年,平均一年增加一个村庄。明、清两代,韩城村落数量增加非常之快,而建村的热潮则为清代。"[1]现在许多保留下来的精美院落、祠堂、宗庙、牌楼等建筑甚至完整的村落整体都为明清时期所建,这些为我们研究明清时期的村落形态提供了有力的实物支撑。

4.2 历史时期村落形态影响因素分析

4.2.1 自然因素的影响

自然因素对关中村落形态的影响是全面而深入的,宏观层面主要有:优越的自然环境成为原始村落定居的理想场所;良好的生态环境促进了农业经济的持续发达;优越的地理位置推动了农耕文明的进步。这一部分内容在本书第2章中有详细的论述。自然因素对传统村落形态的微观影响主要表现为地形地质、气候、水文、土地资源等的影响。

关中地区在地形上主要分为关中平原和渭北高原两大部分,关中平原地势平坦、土地肥沃、水资源丰富、村落定居历史久远,至明清时期一直是人口稠密,村落密集之处。民居多为传统砖石合院式,并聚集发展形成团状村落,村中道路平直多十字交叉,民居南北向布置,村落形状规整。至清后期出于防卫需求,许多村落建有城墙,城墙多为方形,且四周设村门,村落形态也更加方整,犹如一个小型城镇,如户县蒋村。(图4.1)

而在渭北高原,由于土质直立适于建造,发展出具有地域特色的窑洞式村落。东北部韩城一带沿沟崖和丘陵之地多为靠崖窑,渭北广大无崖平坦地区则多为地坑窑(图4.2)。由于村民认为合院式民居比窑洞式民居气派先进,故在地势相对平整的崖上或沟底仍以合院式民居居多,但村落往往随地形自由发

---

[1] 周若祁, 张光. 韩城村寨与党家村民居[M]. 西安: 陕西科学技术出版社, 1999.

展,沿沟或崖布置而形成线状村落。如韩城芝阳乡桥头村,村中民居形制为典型的合院式,南北向布局,形态规整,但村落整体沿沟北侧分布呈不规则线性(图4.3)。

关中地区气候夏季炎热,冬季寒冷,加之土地资源相对稀缺,所以合院民居平面布局紧凑、院落窄长,既节约了土地,又抵御了冬季的寒风且有利于夏季过堂风的形成。

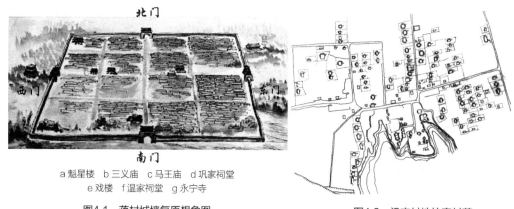

a 魁星楼　b 三义庙　c 马王庙　d 巩家祠堂
e 戏楼　f 温家祠堂　g 永宁寺

图4.1　蒋村城墙复原想象图

图4.2　梁家村地坑窑村落

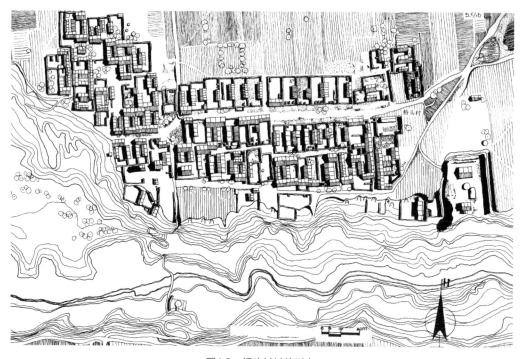

图4.3　桥头村村落形态

4.2.2 经济因素的影响

1. 历史时期关中村落农业经济发展

1) 历史时期关中农业经济发展概况

关中地区历来是农业发达之地,周、秦、汉、唐时期一直处于全国领先地位,经历唐末元初战争摧残之后,逐渐走向衰落。明朝建立之后,明统治者为了恢复生产,发展经济,在税收、垦荒、贷银等方面推行了一系列刺激经济复苏的政策措施,大大刺激了经济的发展。加之明初关中地区无重大战事,农业生产得到较大恢复,耕地面积迅速扩大,至明万历年间关中四十五个县的耕地已达322825顷①。(表4.1)

明朝关中部分县耕地扩大统计简表　　　　　　　　　　　　　　表4.1

县名	明洪武	明中期	明万历	单位:顷
三原	3991	弘治五年 4151	5293	清光绪《三原新志》卷三
兰田	1669	嘉靖四十一年 2105	4746	明隆庆《三原新志》卷之上
合阳	4405	嘉靖二十一年 8002	12223	明天启《同州府志》 明嘉靖《陕西通志》卷三四
华阴	永乐十年 2452	嘉靖十二年 2616	4943	明万历《华阴县志》
泾阳	5592	嘉靖末 8506	8548	清宣统《泾阳县志》卷三
富平	9097	嘉靖 9647	12682	明万历《宣平县志》卷八
武功	1809	正德七年 1862	3314	明正德《武功县志》
兴平	2730	嘉靖 2759	5482	清顺治《兴平县志》卷七
浦城	9976	嘉靖二十一年 10078	17793	清乾隆《蒲城县志》卷五 明嘉靖《陕西通志》卷三四

明末清初,关中地区经历了前所未有的自然灾害与频繁的战乱,迨至清初,关中土地荒芜、人口流散现象十分严重。据史料记载,澄城县明万历年间共有10303户,70685口,至清顺治初,人口骤降至1824户,仅为明万历年间总户数的17.7%。②乾隆、嘉庆以后,关中地区的农业经济才逐渐呈现复苏的迹象。清政府采取了一系列恢复生产的措施,如:"官给牛种""免预起科",③"各州、县以招民劝耕之多寡为优劣。道府以责成催督之勤惰为殿最"。并制定出众多吸引外省民户来陕认垦的政策与法令,一时间"楚、粤等处扶老携幼而来者,不下数

---

① 雍正《陕西通志》卷二四《贡赋一》.
② 乾隆《续耀州志》卷四《田赋志·厂租》.
③ 光绪《清朝文献通卷》卷一、二、三.

千"，① 至清道光三十年（1850年）人口已达1210.7万。"深山遂谷，到处有人，寸地皆耕，尺水可灌。"②

2）精耕细作的集约化农业发展

明清时期，关中地区精耕细作的农业发展模式已具有很高的水平，农业集约化发展比较完备，系统性作物种植制度发达，农作物种类繁多，作物轮种制度成熟。发达的农业经济保证了关中在明清时期是当时内陆地区粮食主要输出省，西安府所征粮名列全国第四，仅次于苏州、平阳、松江府（表4.2）。但至清末，随着江南地区农业经济逐步发达，关中农业逐渐丧失了领先地位。

明代全国部分地区分府税粮比较　　　　　　表4.2

顺序号	地区	税粮
1	苏州府	2503900
2	平阳府	1109000
3	松江府	959000
4	西安府	865000
5	济南府	851600
6	常州府	764000
7	开封府	719000
8	青州府	670000
9	嘉兴府	618000
10	太原府	570000

3）种植业的发展

关中地区农产品丰富，品种主要有小麦、大麦、粟米、糜米、荞麦、豌豆、黑豆、芝麻等。此外，明朝种棉业在关中也有相当规模，明政府采取植棉栽桑、劝农耕织的政策，加之陕北驻军对于棉布与布匹的需求，都促进了关中植棉业的发展。有些州县甚至广种木棉，成为产棉大县，如明嘉靖年间泾阳县棉田占全部耕地面积的1/3。农村纺织业较普遍，逐渐形成了棉植区与产粮区的分工，使得本地区棉花生产的商品化不断加深，逐渐从自给自足的家庭型生产走向市场销售型生产，但发展有限。由于明政府在关中地区附近大量驻兵，长期征取大量军用布匹与棉花。所以，用以在市场上交换的棉织品数量并不多，关中地区所需大量布匹则往往由江南运购。鸦片战争以后，清政府不再禁食鸦片，内地种植罂粟普遍化，挤占了大片棉田的种植，使陕西植棉面积减少，种植业受到一定冲击。

---

① 康熙《西乡县志》卷九.
② 嘉庆《续兴安府志》卷二《食货志·土产》.

4）水利工程的普及

明清时期，随着政治中心的东移，水利兴修的重点也移至黄河、海河等流域的治理，地处西北的关中水利则被委于地方政府经办，所以罕有汉唐时期大型水利工程的兴建。但这并不表明此时关中地区水利整体水平不高，呈衰落之势，因为此时期虽不曾兴修重大水利工程，但小型水利的开发程度却很高，以致但凡可以利用的河流、泉源等，几乎皆有灌溉之利，据统计明代富平新修和经过整修的灌溉渠道就多达29个。且水资源的利用方式也呈多样化发展，除了开发利用河渠灌溉，泉水的开发利用也开始逐渐受到重视，作为引泾灌溉的重要补充。此外，明清时期井灌也有了长足发展，井灌以前多用于园林菜地等的补充用水，大田农作物井灌则兴起于明代关中，有清一代达到顶峰。明清时期涝池在关中地区逐渐得以普及，所谓"涝池"即人工开挖的池塘，关中地区雨量分布不均匀，所以大量挖掘涝池收集雨水以备农业用水，甚至牲畜和其他生活用水等。明清时期关中基本上村村有涝池，面积大约从二亩至五亩不等，深达丈余。

明清时期关中水利工程的普及，仅井灌区就达到了130万余亩，再加上小流域的水利设施，泉灌和涝池的灌田面积，保守估计总灌田面积应该在200万亩以上，水浇地所占农田面积的比例逐渐提高。① 水利工程的普加之及水浇地所占农田面积的比例提高为明清时期关中地区农业生产的发展提供了保障，也为村落的形成提供了有利条件。

2．历史时期关中村落商品经济的发展

总体来说，明清时期关中农业经济保持着缓慢而平稳的发展，但其商品经济的发展却相对滞后。与我国其他地区比较而言，华南、华中地区是地主—佃农关系高度发达、商品经济活跃的地区，而在华北旱作农业区则以自耕农为主，地主制并未形成，但这只是笼统的概括，具体地域则有很大差异。秦晖在其《田园诗与狂想曲》一书中将近现代关中总结为"关中模式"：即关中地区在明清时期农村逐渐小农化，大地产与无地农民均减少，租佃关系不断萎缩，商品货币关系不发达，经济自然化现象日益加深，农村中以自耕农居多。地主也是"自然经济的经营地主"，其经营目标是尽可能完全的自给自足。"四农必务其大全：耕以供食，桑以供衣，树以取材木，畜以蕃生息。不出乡井而俯仰自足，不事机智而度悉备"。② 商品性农业缺乏与乡村经济自给自足的自然经济特点较明显。与我国其他地区尤其是以太湖流域为中心的"太湖模式"的封建关系大为不同。太湖

---

① 嘉庆《续兴安府志》卷二《食货志·土产》．
② 杨山，《知本提纲·农则前论》，转载于秦晖，金雁. 田园诗与狂想曲——关中模式与前近代社会的再认识[M]. 北京：语文出版社，2010.

模式以地主与佃户之间的雇佣关系为主,这里的农民在很大程度上卷入了区域甚至国际市场,自耕农日趋消失,土地租佃率高达90%,土地异常集中。关中地区作为封建社会的统治中心,封建关系发展最为成熟,但至明清以来却成为全国租佃关系最不发达、商品经济最为萎缩的典型地区之一,其程度甚至超过了华北地区与相邻的山西地区。尤其是清中后期,关中已从汉唐畿辅通达之地,变成了西北一隅闭塞之区,民风淳朴却浑噩,"士多兼农,耻于奔竞;农勤稼,安分守己……工则拙于制造,不求进步,唯勤夺耐劳是其特色……无富商大贾,商务不甚发达。"①

3. 经济因素对村落形态的影响

明清时期关中精耕细作的集约化农业与种植业的广泛发展促进了农业经济的持续进步,为村落数量增多、规模增大奠定了坚实的物质基础。虽然至清末时期,随着江南地区农业经济的勃兴,关中丧失了全国农业的领先地位,但整体来讲,其农业发展一直保持着较高的水平,加之明清时期水利工程的普及以及水浇地所占农田面积的比例的提高,促进了关中地区农业生产的发展,使关中仍不失西北地区农业经济发达、人口稠密的主要区域,为村落的形成提供了有利条件。如韩城地区753个村落中,明清时期建村的达到651个,占总数的86.5%。但同时其商品经济却不甚发达,租佃关系不断萎缩,人地矛盾不突出,经济自然化现象日益加深,成为较华北和邻近山西等地区而言也远为落后的典型区域之一。商品性农业的缺乏和自给自足的乡村经济抑制了对地产的投资,造成地权极为分散,地块较齐整。这种分散的自耕农模式抑制了村落发展受商品经济和区域环境的影响,使其更多地保留了传统村落的诸多特点,形态封闭而受外来影响小,并保持了自组织的体系特征。

4.2.3 文化因素的影响

关中地区的文化虽然有一定的独特性,但其主体仍未脱离中国北方农耕文化的主流,并且是中国主流文化的核心和发源地之一,传统文化的诸多方面在关中地区都有明显体现。对传统村落形态影响较大的主要有以下几点:以农为本、安土重迁的社会心理结构;以血缘为基础的宗族观念;注重伦理道德的儒家思想;提倡道法自然的道家学说;以及宗教观念。

---

①《合阳新志材料》转载于秦晖,金雁. 田园诗与狂想曲——关中模式与前近代社会的再认识 [M]. 北京:语文出版社,2010.

1. 以农为本、安土重迁的心理结构

中国是一个以农立国的农业国家，农业是国家的经济基础和发展命脉，决定了中国社会发展的基本轨迹。中国农民对土地有一种与生俱来的依恋之情，这里既是他们世代居住的场所，也是他们赖以生存的家园，更是他们叶落归根的精神依托。加之历代统治者的重农政策与文人田园生活的风尚，造成了中国农民安土重迁的行为特征与强烈的土地依赖意识。正如费孝通所言"对人们的期望来说，土地具有其捉摸不定的特性。恐惧、忧虑、期待、安慰以及爱护等感情，使人们和土地间的关系复杂起来了。人们总是不能肯定土地将给人带来些什么。人们利用土地来坚持自己的权力，征服未知世界，并表达成功的喜悦。"[1]

以农为本的农业经济加之安土重迁的社会心理结构，使传统农民以田为生，以定居为常态，聚集而居的村落成为人们居住的基本单元和理想形态。

2. 以血缘为基础的宗族观念

以村落为单元的定居最初往往以血缘为基础，以单个家族的定居为起点繁衍生长，形成村落，并产生了以血缘为基础的宗族观念。宗族观念对村落形态的影响主要表现在村落布局中，村落是以血缘关系为基础的共同体，其房屋的分布清晰地体现出血缘的"亲近疏远"，反映出亲疏有别的人际关系和地位。这一点费孝通在乡土中国中有着深刻的分析："世代间人口的繁殖，像一个根上长出的树苗，在地域上都靠近在一伙。地域上的靠近可以说是血缘上亲疏的一种反应，区位是社会化了的空间。我们在方向上分出尊卑：左尊于右，南尊于北，这是血缘的坐标。"[2]之后不同的家族迁居至此则结成了地缘关系，形成了多家族共存的复姓村落。以血缘关系为基础衍生出的地缘关系是以居住地为基础的，它适应了人口的流动，以血缘为基础，血缘、地缘关系共同构成的系统成了维系村镇持久稳定发展的根基（图4.4）。但不同的家族在村落中的地位则有所区别，如在党家村

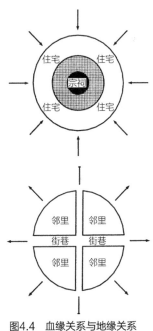

图4.4 血缘关系与地缘关系

---

[1] 费孝通. 乡土中国 [M]. 北京：人民出版社，2008.
[2] 费孝通. 乡土中国 [M]. 北京：人民出版社，2008.

中，党性祠堂在村落中位置的居中与坐北朝南的尊位，明显优于贾家祠堂偏于一隅与坐西朝东的方位，清晰地表明了党性家族在村落中的地位与尊贵。

3．注重伦理道德的儒家思想

儒家学说中的伦理思想是影响村落形态发展的重要文化因素之一。儒家学说注重现实人生，提倡明晰君臣父子、长幼尊卑，是中国传统社会伦理道德形成的基础，也是建立和谐社会秩序和家庭关系的准则。伦理思想对村落形态的影响是深入而细微的，村落选址与布局中对方位、轴线的注重就体现了儒家崇尚秩序的道德观念；民居中房屋的布局与形式则更清晰地体现出长幼有序、内外有别的伦理思想；村中祠堂、风水塔是村民物质、精神生活的中心，也是礼制空间的核心所在。其位置的重心性与等级的至高性是儒家"重礼尚先"精神的外在物化，表明了其在村民日常生活中的重要性；民居则围绕其生长，表达了村民的依赖和崇敬之情。由此形成了由内核向外发散的有机生长的村落格局。（图4.5）

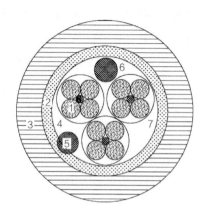

图4.5 有机生长的村落格局

4．提倡道法自然的道家学说

道家学说注重对宇宙自然的生成及事物发展变化规律的认识，是儒家思想的有力和完美补充，体现了朴素的对立统一的辩证思想，其相生相克、互为依存的思想对中国传统文化产生了极其深远的影响。传统村落崇尚自然，讲求天人合一的自然观就是道家思想的集中反映。

5．趋吉避祸的宗教观念

趋吉避祸的宗教思想也是对村落形态产生重要影响的文化因素之一。中国传统的民间宗教信仰往往没有系统的教义和严格的组织，信仰的内容世俗而宽泛，大多是趋吉避祸、求子祈福等与日常生活联系紧密的神灵崇拜。所以，宗教空间也常常就近设置，星罗棋布地分布在广大村落之中。宗教信仰的世俗性与趋利性，也促使各宗教能够和平共处，相安无事。这些庙宇与其他公共建筑一起构成了村落的节点空间。

4.2.4 社会结构的影响

1. 历史时期关中村落社会结构的发展

传统乡村社会的结构主要受到来自两大方面的影响：一是来自大的文化传统"国家"的影响，二是来自地方精英的"自治"。我国传统社会是一个"以农立国"的国家，大城市的数量远远没有西方多，许多城市与县府就像设置了围墙和衙门的大乡村，城市中甚至会保留有一定数量的农田，耕者可以在城市中直接耕作。在这样的国家里，乡村是国家的基本细胞，是社会财富的主要来源，更是王权巩固的基础。

1）国家势力对乡村的影响

我国乡村数量巨大，分布零散，加之农耕生活天然的独立性，使单个村庄相互独立，如果国家权力下沉到乡村，必然要设置庞大的管理机构，从而增加国家的管理成本。明清时期，国家对乡村主要从制度和文化两个方面来控制和管理，制度方面主要有土地制度、户籍制度、保甲制度和科举制度。

土地制度：中国封建社会的土地私有制是在封建王权支配下的土地私有，而非纯粹的私有制形式，国家以赋役的形式，将制造社会财富的重负全部落在民众特别是以农业经济为主的农民身上。农民从田地上所获取的物品相当一部分以赋役的形式上交国家，或抵充法定的徭役，满足中央集权国家的需要。户籍制度：通过户籍制度把农民固定在土地上，减少农民人口流动，使其安心从事农业生产，增加国家税收，实现国家对个体的控制。保甲制度：其职能主要有两项，一是作为民兵组织以弥补地方政府防御力量的不足，二是作为共同承担责任的团体以加强对地方社会的控制。通过保甲制，地方政府把统治延伸到了乡村社会之中，加强了对村民的监督和控制。科举制度：它通过考试的形式为朝廷选拔官吏，也为乡村子弟入仕提供了出路，造就了大批传播儒学的士绅阶层，用一种非暴力的隐蔽手段，从思想上、文化上建立和维持了传统社会的稳定。乡村社会的许多家庭通过科举实现了与国家的"亲密接触"。[①]

2）地方势力对乡村的影响

与国家权力的控制相比，地方乡村"自治"势力的影响更加直接和宽泛，渗入村民生活的方方面面。但这种"自治"不是"乡民自治"，在血缘意识和宗族色彩的双重作用下，乡村社会控制权和资源配置权实际上掌控在地方精英手中，他们制约着乡村政治运作、经济、文化的基本方向。地方精英主要是族长和士

---

① 张健. 中国社会历史变迁中的乡村治理研究 [D]. 杨凌：西北农林科技大学，2008.

绅，族长是家族中的权势者，主持宗族祭祀，掌管日常生活，而且还是族群法律的仲裁者。士绅指的是传统社会中有功名、有威望、有势力的地方人士或退职官僚。士绅是科举制度的产物，但有限的官位使部分人士逐渐沉淀到地方，成为士绅的主要来源。另外一些退隐官员或通过捐纳保举等途径获得功名者及少量德高望重者皆可归入士绅阶层。士绅是封建政权统治地方的中介和工具，他与"官"不同，不是封建政权的直接代表，也不参与国家政策的制定和实施。但与普通村民相比，士绅是"准官僚"、享有一定的特权和优待，如可以减免赋税，受到官员的尊重和礼遇。士绅多是饱读诗书的儒者，是儒家文化在地方的传承和传播者，掌握着地方文化资源和话语权，而且是地方公共事务的积极建设者。当地方遇到公共事务尤其是修建公共工程如捐助修建桥梁、育婴堂、义仓等慈善机构，都要依靠地方上有影响的士绅解决。除了对民，士绅对"官"也有一定的制约和约束作用。因为封建社会官员有着异乡为官的惯例，其对当地情况的了解远不及士绅，所以常结交士绅以获支持和帮助。另外，地方官员也可以通过士绅了解村民对政令的意见。正所谓"国权不下县，县下唯宗族，宗族皆自治，自治靠伦理，伦理出乡绅"。

3）村民参与

村民是农村人口的主要构成成分，但在中国传统社会中，由于其自身的特性，导致其在传统乡村事务中，往往处于被压迫、被领导的地位。由于各级权威对小农剥削较重，加之劳动生产力较低，农民除了务农几乎没有别的用以养家糊口的资源，因此，农民对土地的人身依附性很强，封建政权也不断鼓励、强化"民务农"的思想。农民以家庭为单位从事个体农业生产，和家庭手工业相结合，即所谓"男耕女织"，以满足自己衣食的基本生活需要。各户之间相互经济协作较少，封闭性较强，导致绝大多数小农只要能养家糊口，生活得以维持下去，就不会"饭饱生余事"，就会自发或自觉地服从专制国家的权威或者乡村权威，不可能作为一个整体同中央集权制相抗衡。特别是小农的分散性使他们不能代表自己，一定要别人来代表自己，他们的代表一定要同时是他们的主宰，是高高站在他们上面的权威，是不受限制的政府权力或者专制国家的代理人。[①]

2. 社会结构对村落形态的影响

明清时期，国家势力对乡村影响较弱，主要从制度和文化方面来控制和管理农村，相对来说地方乡村"自治"势力的影响更加直接和宽泛，渗入村民生活的方方面面，但这种"自治"的社会控制权和资源配置权掌控在地方精英手中，村

---

① 张健. 中国社会历史变迁中的乡村治理研究 [D]. 杨凌：西北农林科技大学，2008.

民在传统乡村事务中,往往处于被压迫、被领导的地位。国家势力的弱化与村民权力的依附性共同造成了地方精英在乡村社会中的作用凸显,这样的乡村治理模式导致了村落形态的发展受中央政权与村民思想影响甚小,而主要表现为地方精英的审美喜好与文化倾向,而地方精英常为饱受儒家思想教育的士绅和宗族的领袖,沉淀在地方的村落精英深厚的文化底蕴是传统文化在村落中传承与传播的重要保障,确保了村落作为独立的居住单元在文化上的先进性和独立性,也促进村落形态表现出了更多的儒家文化与宗族思想。

4.2.5 城镇体系的影响

1. 明清时期关中城镇体系的发展

明清时期,关中城镇数量有所增加,但相对于商品经济发达的江南地区,城镇发展的速度还是非常缓慢的。至明万历年间(1582年),关中地区的重要城镇主要有7个:凤翔府益门镇,西安府赵渡镇、关山镇、零口镇、淄川镇、停口镇、宜禄镇。与明代相比,清代关中地区城镇有了显著发展,主要表现为数量的增加和地域分布的扩展。据雍正《陕西通志》记载,雍正时期西安府已有镇128个,除耀州外,咸宁、咸阳、兴平、临潼、高陵、县、蓝田、泾阳、三原、渭南、富平、醴泉、同官诸县都有分布。[①]与城镇同时兴起的还有乡村集市的广泛发展,一些较大的村庄,特别是交通较为方便的村庄常有定期集市,甚至已发展为常市,市集集日的疏密更能反映地方商品经济的发展。周围凡市集密集者,其商品经济发展程度也较高,稀疏者则相反。市集集日主要有年集(会)、月集、日市或常市。(表4.3)

清代陕西关中地区市集统计表(单位:天) 表4.3

市集	雍正时期 (1723~1735年)	乾隆时期 (1736~1795年)	嘉庆时期 (1796~1820年)	光绪时期 (1875~1908年)
西安府	128	123	67	154
乾州	16	18	14	28
同州府	64	—	47	81
邠州	17	16	10	17
凤翔府	45	50	40	50

---

① 刘景纯. 清代黄土高原地区城镇地理研究[M]. 北京:中华书局,2005.

如韩城沟北村在清同治年间，就发展出了固定地点的常市，在村北门外形成了长90米、宽5米的商业街。街东西两边约有铺板门面房二十多间，生意兴隆。到晚清才由于兵荒马乱而经营萧条。但其影响却一直保留，到民国年间，周围的人们还传颂着高江月的酒府馆、高同乐的当铺院、高迎春的杂货店的声誉。直至中华人民共和国成立前夕，烧饼铺子和铁木匠房尚存。街上交易主要为日常生活所需，满足了周围村庄的日常生活，也促进了沟北村的发展。至清末，沟北村规模、经济发展在周围村庄中都属于佼佼者。这种影响一直持续到现在，2004在村西北建起规模为2200多平方米的商贸市场，开设门面房30多间，露天摊位100多个，形成了泌惠塬商贸中心。

还有不少村庄、山庙等地有定期庙会，也逐渐成为一方经济、社会活动中心。陕西庙会产生于唐代，宋代以后更加兴盛，遍及城乡，明清时期发展达到高峰。至迟在明代，庙会已逐渐成为商品交易的场所，而非祭祀的副产品。庙会的地点也从初时依托寺庙举办发展成为既有倚庙而市，也有脱离寺庙而单独成市。庙会一般三到五天，短者一天，多者可持续到20～30天。清中叶以后，庙会次数明显增多，不仅城镇中有，乡村更多，且规模不断扩大。再如，清光绪年间同州府大荔县，一年中共举办庙会75次，覆盖全县64个村镇，其中在县城举办的只有9次，村镇庙会明显多于县城。庙会的密集程度相当高，以清代洛川、大荔、澄城三县做统计，平均每个庙会所覆盖的村镇只有8～9个，庙会服务于农村的特征十分明显，以不妨碍农时为原则。与市集相比，庙会虽然在时段上较市集有所拉长，但举办频繁，密集集中。对关中地区这种交通不畅、山河四塞的地区来讲，这样的商品交易方式是非常现实可行的。（表4.4）

明清时期关中部分县城庙会频率　　　　　表4.4

州县	集会次数	集会天数	村数	户数	人口数	平均每会拥有村数	平均每会拥有户数	平均每会拥有人口数
洛川县	—	—	338	18667	94498	12	663	3375
大荔县	75	76	347	21832	109145	5.5	341	1705
澄城县	102	198	499	21804	116892	8.2	357	1916
合计	177	273	1184	62303	320535	8.57	407	2095

2．城镇体系对村落形态的影响

明清时期，关中手工业商业不发达，其经济发展更多呈现出自然经济的诸多特征。农村市场虽然在数量上不断增长，但商品构成较简单，集市"所市惟布米薪菜豚之类，四方杂货无蓄焉"。[①]与江南地区相比，市镇总量较少，市集、庙会等初级市场繁荣，能够负担各种消费需求的中高级市场较缺乏。关中市镇体系的发展促进了村落的发展，但相对于商品经济发达的江南地区而言，关中市镇体系发展速度缓慢且交通体系单一，对村落的促进作用有限，一般只局限于有市集的村落，其他大部分村落受城镇体系影响不大，相应的村落形态发展也呈现出明显的内向型经济的自组织体系。

4.3 历史时期村落形态的本体构成

乡村形态是多种因素共同作用的结果，以上论述了历史时期关中五大影响因素的发展及其对村落形态的影响和作用，以便较为准确地掌握关中传统村落形态，直观、清晰地获取意象和特征。

4.3.1 宏观层面——规模与分布

1. 明清时期关中村落规模

村落形态的研究，确定规模和分布是十分重要和关键的。由于历史资料的缺乏，全面地复原明清时期关中村落的规模特征并不现实，但根据地方志的记载，可以还原有代表性地区村落的规模数据，用以做典型性研究。根据资料的收集及地域的代表性，本书选取咸阳县和韩城县为例做具体论述。

明清时期咸阳县域基本稳定，大致包括今天的咸阳市秦都区、渭城区范围。清乾隆十六年（1751年）对咸阳县乡村聚落的考察结果如下，表4.5以乡为单位进行统计。

从统计数据可知，乾隆时期咸阳县境内共有400个自然村落，15049户，人口104580人，平均每村37.62户，每户6.95人，每村261人。但县内各村规模大小不等，相差较大，如同位于延陵里，西介村只有13户，而押枝村已达123户，是西介村的9.5倍。但绝大多数村落为十几户至数十户，超过300户的只有北杜镇村，超过200户的也只有3个村落，超过100户的有20个村落。村落在此时也有了进一步分化，部分村落已发展成为镇，如马庄镇就已经成为渭北台塬西部村落商品交易中心，以东西两街轮流设市，进行粮食及日常生活用具的买卖，形成了西街至朔日以至望日，东街至既望以至晦日，互相循环轮流换集的形式。（图4.6）

[①] 嘉庆《耀州志》卷二《建置志·村堡附市集》.

清乾隆时期咸阳村落平均规模（以乡为单位）　　　　　　　　表4.5

乡名	村数	最小户数（村落名称）	最大户数（村落名称）	总户数	平均户数
东乡	99	4（西毛家）	112（东大寨）	2408	24.32
西乡	47	6（魏家前村）	164（吕村）	1936	41.19
南乡	73	5（晁家村）	223（西张村）	3456	47.34
东北乡	99	6（李家庄）	380（北杜镇）	3375	34.09
西北乡	82	10（孟家村）	270（马庄镇）	3874	47.24
合计	400			15049	37.62

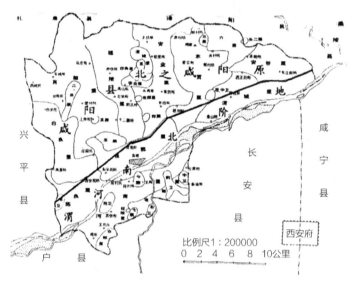

图4.6　清代咸阳县政区示意与地理分区示意图

　　韩城历史悠久，明初韩城全县编为4乡55里，清乾隆后改编为4乡28里，明代韩城共有村庄289个，全县耕地35.09万亩。至清代，村庄总数达754村，乾隆时熟地37.32万亩。东部川塬区村落规模远大于西部山区。[①]具体如表4.6：

　　咸阳位于关中盆地腹地，而韩城位于关中平原与陕北高原的交界处，这两个县代表了关中地区两大地理区域，其数据可作为关中村落规模的典型代表，有助于我们直观、真实地了解明清时期关中村落规模的发展。

---

① 周若祁，张光. 韩城村寨与党家村民居[M]. 西安：陕西科学技术出版社，1999.

表4.6 明清时期韩城村落的平均规模

时间 \ 项目	全县人口		村人口规模		村用地规模	
	总户数	总人口	村平均户数	村平均人口	村平均占地（平方公里）	村平均耕地（亩）
明嘉靖年间（1522~1566年）	7293	62652	25.2	217	5.6	1214
明万历年间（1573~1619年）	7792	56539	26.9	196		
清乾隆四十九年（1784年）	34867	194442	46.2	257.9	2.15	495
清道光三年（1823年）	38631	197436	51.2	264.4		

2. 明清时期关中村落分布

关中平原地区村落在空间分布上整体匀质化特征较明显，其原因在于关中平原自然生态的均一性。关中地势平坦，自然条件相似，垦殖与灌溉便利，地理条件对村落选址的制约性不明显。得天独厚的自然生态促进村落分布整体呈匀质化，村落规模适中，大大减少了农户到田间耕作的距离。但与其他平原乡村不同，虽然乡村聚落整体均匀分布，但局部随机性状态较明显。其原因在于关中地区地貌以阶地平原和碎塬为主，区域内交通线密集，城镇较多，在这些因素扰动下，乡村聚落在交通沿线、城镇周围等小区域的集中导致了聚落在空间分布上呈现出一定的非均衡状态。

明清时期关中平原地区村落分布情况由于缺乏资料而不可考证，但鉴于村落分布格局在明清时期已基本定型，后世的变化多体现为规模增长，故以现时期村落分布情况以窥明清时期。据西北大学城市与资源学的研究表明，即使在陕西省一省境内，陕北、关中、陕南三大地区自然村分布密度规模也相差较大，聚落分布形态也明显不同。关中地区自然村的平均分布密度远远高于陕南及陕北区域，达到每平方公里0.8个，是陕北地区的4倍（表4.7），且其自然村形态以团聚状为主，地形的影响是造成这种差异的主要因素。陕北与陕南主要为山地和丘陵，地形起伏、平地狭小，缺少建造大村的地形条件，更主要的是山区耕地零星分散，村落过大则劳动距离太远，对生产不便。为使每个农户最大限度地接近自己的耕地，保持大致相同的耕作距离，村落以小型集村和散村为主。而关中地势平坦，团状的聚落形态有利于各户共同使用公共设施，最大限度地节约土地。另外，关中农业生产条件较陕北陕南要优越，号称八百里秦川，历史上定居时间最为久远。自古就是重要的粮棉产地，交通便利，村落的历史和发展规模较陕北、陕南相对要大。

陕西不同区域乡村聚落比较　　　　　　　　　　　　　　　　　表4.7

地区	自然村密度（个/平方公里）	自然村平均人口规模（人）	村镇形式
关中	0.80	300～400	团状
陕北	0.20	100～200	集居与散居并存，以散居为主
陕南	0.53	<100	多为散居

明清时期，关中地区出现了大量移民性村落，大量甘肃、湖北、陕北等地人口移居关中。如清同治年间，榆、延、绥两郡一州旱灾严重，甘肃平、庆一带回民起义，大量难民逃入陕西境内。有的单独建立新的移民村落，有的则融入当地原有村落。如咸阳窑店镇三义村就为同治年间甘肃庆阳三户村民迁徙新建，因恭行仁义而得名。

4.3.2　中观层面——形式与特征

关中村落大多历史悠久，规模较大且形态完整。由于地处盆地地势平坦，村落形态也以团状集村布局为主，散村多分布在关中盆地周边接近山脉或河滩、冲沟附近。由于自然与文化属性的差异，关中各地村落在整体形态、院落空间组合与建筑单体等方面各有不同，但其共性也更明显、突出。总体来讲，关中传统村落具备如下特征：

1. 自组织的空间形态

乡村聚落形态是许多因素共同作用的结果，但各因素之间不是毫无联系或简单叠加的，而是形成一定的组织相互作用、共同发展。从组织进化形式来看，可以分为他组织和自组织两大类。他组织是指系统在外部作用干预下形成组织和有序结构；如果不存在外部指令，系统按照相互默契的某种规则，各尽其责而又协调自动地形成有序结构，就是自组织体系。自组织系统具有自我调节的机制和能力，能够对有利于自身发展的影响因素做出选择，自组织体系无论在自然界还是在人类社会中都普遍存在。一个系统自组织功能越强，其保持和产生新功能的能力也就越强。

传统村落是一个典型的自组织系统，具有自组织系统的开放性、层次性、非线性等诸多特征。不断地同外界进行物质与能量的交换，保持相对独立性、改善和维持原有空间结构，自发演替且受外力干扰后能够"自愈"。系统和系统中的要素具有较强的整体性和关联性，而不是机械的、孤立的存在。在传统村落中，自然山水、街巷空间、民居、节点等构成要素相互协调，共同构成了宜居的村落环境与精神家园。村落形态扩张与改变的动因也主要来自于村落内部人口的增加与经济的增长，并随着村落发展而逐步趋于合理和优化。传统村落在形态上具有明显的层次性，层级分明，在村落这个大的自组织系统下又形成村庄—家族—家庭三个层级分明的子系统。

2. 静态性

传统村落呈现出明显的静态性特征。自组织的系统决定了其形态变迁的动因来自于内部因素而非外部指令，这些内部因素主要有自然环境、人口规模、文化传统、经济结构等。自然环境在长时段内保持着相对稳定性，其变化可以忽略不计。一个地区的社会、文化、经济、人口规模的转变也是缓慢而渐进的。内部因素的渐进性和稳定性是村落形态保持静态性特征的本质原因。而且中国传统社会的超稳定结构，也进一步促成了村落形态的静态性。村落变化主要表现为规模的缓慢扩张与民居的更替，村落整体形态则相对稳定。

3. 完整性

传统村落经过长时间变迁，其形态发展已较完备，功能与结构相互统一，内容与形式相互契合，内在逻辑与外在表现相互协调。

1）功能完备

传统村落是人类聚居的基本单元，也是社会交往、经济交往的最小共同体。村落空间形态满足了人类聚居的基本功能，也承载了社会形态和经济形态的发展。供居住使用的宅院，祭祀、议事的祠堂，日常使用的水井、涝池、打谷场，交通联系的街巷空间，教化传承的私塾、文星塔等各类建筑在村落中都得以实现，且村落规模越大，历史越悠久功能也越完备。同时，这里也是村民日常社会交往的场所，民居满足了单个家庭内部男耕女织式的劳动协作；院落既满足了日常生活，又方便了生产；门户空间、街巷空间、井台等半公共、公共空间的存在容纳了邻里之间尤其是妇女之间的交往需求；祠堂的存在映射出家族、宗族制在村落中的根深蒂固以及族权的权威。

2）形态完整

传统村落不仅功能完备，其形态也较完整。常有标志入口和村落边缘的村口、村尾等空间，以及村落内部的中心与次中心等节点空间。这些节点空间的存在既标定出村落的界域，约束了村落规模和形态的无序、任意扩张，也增强了村落形态的整体性和可识别性。此外，传统村落中，民居与祠堂、庙宇等公共建筑在平面形式和整体造型上是同源同构的，形态的同构性强化了村落形态的完整性。（图4.7）

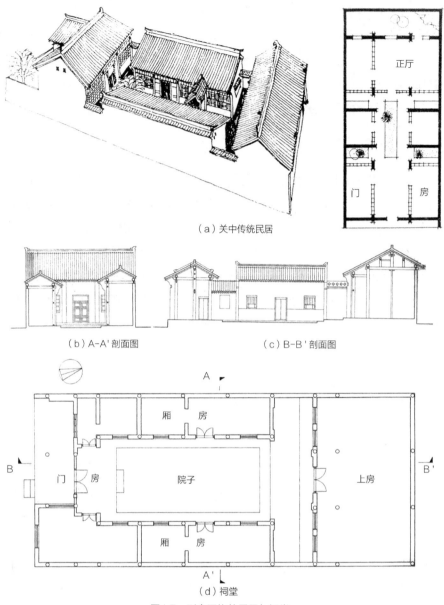

图4.7 形态同构的民居与祠堂

4. 层次分明

层次性是自组织系统的特征之一，每个自组织系统都包括了一系列子系统，构成层状结构。每一个系统都处于某一个层次上，从属于高层系统，包含低层系统。同样，村落形态也具有明显的层次性，村落大多由几个大姓氏家族构成，形成村庄—家族—家庭三个层级分明的社会系统，相对应的村落空间形态上则表现为村落空间—家族空间—宅院空间三个层次（图4.8）。村落空间包括庙宇、塔等

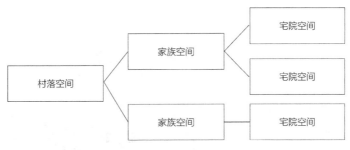

图4.8 层级分明的村落空间

公共建筑以及村口、村尾等节点空间。其中，庙宇是为整个村落的共同利益而存在的，高于单个家族利益，但这种利益多为精神上的庇护与荣誉，而非实用的保障，是几个家族利益妥协与博弈的结果，所以常位于村落的周边，而非中心，既表明几个家族共有的公共性，也表明其非权力中心的边缘性。祠堂、族田、私塾是村落中的家族空间，家族势力越大，其祠堂位置越重要，数量越多，形制越高，族田数量也越大，土地越肥沃。相对于村落共同利益而言，家族利益更加实际，大姓的家族可以分得更多、更优质的土地与丰富的水源。宗族利益的现实性与权威性促使了祠堂作用的凸显，表现为位置的中心性与形制的高级性。正如清代《阳宅会心记》卷记载："君子营建宫室，宗庙为先，诚以祖宗发源之地，支派皆多源于兹"。而宅院则是村落空间层级的最底层，是村落形态的基本单元，构成村落肌理的基质，村落形态的层级分明是传统宗法社会以父系血缘关系区分嫡庶亲疏的宗族礼制外化在村落形态方面的充分体现。

5. 封闭性

1) 封闭的空间形态

关中地处军事要地且产粮丰富自古就是兵家必争之地。清代大荔县朝邑镇建立的"丰图义仓"号称天下第一仓，其选址和城墙的高度以及墙体的炮弹孔足以说明其地位的重要性。关中传统民居亦呈现出强烈的防御性和封闭性。由于地处平原，无天然屏障可避险，故村落大多因自卫而建堡寨和城墙。堡寨之制，由来已久，《礼记·檀弓》中就有"扶杖入保"的记载。《史记·李牧列传》也曾载"匈奴入寇，急入收保"。但早期堡寨多为官方修筑，驻军储粮，民间村落自发修建的并不普及。清朝早期建造堡寨的记载较少，清中后期因为白莲教、回民起义等战乱，所过之地，汉族村落多被火烧，夷为平地。重建之时几乎村村都建城墙以防"匪患"。加之朝廷大力推行坚壁清野的清"匪"保民政策，民间修筑堡寨自卫达到了高潮。

城墙和堡寨的修建有高山和平地之分，"盖堡寨有高山、平地之不同，居高临险，积石成垒，形势既固，工力亦省。山外平地则沙土虚浮，筑土为垣，风雨剥蚀，不数十年，颓败不堪，"。户县蒋村城墙就颇有代表性，城墙建于1875年，历时近一年，从周围农田挖土而建。城

图4.9　沟北村城墙遗址

墙近似正方形，沿村落四周修建，城墙四周中部建有四座门楼。门楼高8米，中间为夯土结构，外部贴砖。"文化大革命"期间由于破四旧及部分农户取土建新房，至20世纪60年代末城墙已基本消失殆尽，只剩门楼部分，之后也因年久失修恐其坍塌被拆除。笔者在关中诸县调研时发现，除了像同兴村这种中华人民共和国成立后由小型散居村落逐渐聚集而发展的村落没有修建城墙的历史外，大多数历史较长的村落都证实曾修建过城墙（图4.9）。

居险而建城墙的村落多位于关中盆地边缘地区，如西北部的韩城地区位于关中盆地与黄土高原过渡地带，地形地貌复杂。由于沿村落四周修建城墙花费巨大，该地区村落多为村寨分离型，即在村子周围选择地形适宜、易守难攻之处另建专门用于防卫的寨子，寨子用地多为村落用地的三五分之一。

2）封闭的社会交往

传统乡村社会是自然经济，商品经济不发达，经济劳作以家庭为单位，以土地为基本生产资料，所产作物也以满足家庭内部需求为首要任务。日常劳作在家庭内部即可完成，农忙时节部分劳作需要农户间的协作与帮助，只有在完成诸如修建祠堂、掘井等涉及村落整体利益时才会需要调动整个村庄的人力、物力。村落之间的交往则更少，往往限于姻亲之间。小农经济的封闭性造就了传统社会封闭、内向的社会形态，村落对外的交流有限。据研究表明，直到20世纪70年代前，广大乡村的通婚圈在5000米以内，大多数仅为1500～2000米，关中地区由于地处西北边陲，这种现象更为明显。

6．尺度适宜

传统村落是建立在农耕经济基础上的，依赖人力、畜力等简单的生产工具和交通工具，故村落规模与村庄形态等都与农耕经济相适应，以人和畜力的体能为限。"关中平原的乡村聚落平均规模可达400～500人，大都呈团聚形。"聚落的中心一般为公共水源、道路交汇点或公共活动场所。聚落的团聚形态不仅利于各户

共同利用公共设施,最大限度地节约土地,,而且也可使各户保持大致相同的耕作半径。"[1] 传统村落不仅村落规模适宜,公共空间、建筑、道路等尺度规模也较适中,且形态紧凑,尤其是村落中心地段用地更为谨慎。井台空间往往只是在住宅局部的凹入处,能满足2~3人同时取水则可;祠堂入口空间则只是在入口处稍微后退,甚至与普通住宅无异,只有在村落边缘的村口、塔庙等处,用地才会稍微宽敞。关中民居的布局十分经济,面宽小而多层进深,横向不发达。村中道路以石质和土质为主,宽度常为3~5米,以人和马车、骡车通行为适。民居一层,临街门头高3~4米,通行街中尺度亲切,围合感较强。

4.3.3 微观层面——构成要素

村落中的民居、街巷空间、自然环境等要素是构成村落物质形态的基础,也是村落形态最直观、最表象的元素,村落研究的传统方法以此为核心和重点,研究成果也多集中于此。

1. 自然环境

中国传统村落的建造遵循天人合一的自然观,自然环境是村落最重要的景观骨架,与村落融为一体,浑然天成。村落布局讲究"背山面水,负阴抱阳",这样的局部小气候,可以在冬季免受北方冷风的侵袭,而南向开敞与环绕的河流则带来夏季凉爽的季风。(图4.10)

关中属于典型的北方旱作农业区,其村落选址也附会和迎合"背山面水"的景观格局,关中为平原,主要地貌类型是河流阶地和黄土台塬。所以,关中人常常选择塬上或较开阔的河流阶地,以上一级塬面或阶面为

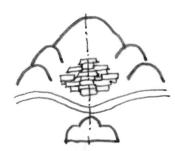

(a) 理想村落选址——负阴抱阳

(b) 梁堡村选址——负阴抱阳

(c) 党家村选址——依塬傍水

图4.10 村落形态构成——自然环境

---

[1] 尹怀庭,陈宗兴. 陕西乡村聚落分布特征及其演变 [J]. 人文地理,1995,12.

自然屏障，背塬而居，形成理想的村落景观。"塬"是黄土地区特有的地貌类型，塬顶平坦开阔，周边是被河流切割的黄土堆积高地，塬周坡度较大，甚至可以达到90°。也有的出于防御目的靠崖、靠塬建村，将村落建于崖上，形成天然的屏蔽。而在地势平坦开阔无断崖之地，则往往逐水而居，关中地区河流众多，为村落的定居提供了适宜的场所。

2．民居

民居是村落中最重要、最活跃的构成要素，是村落景观的主体，也是村民日常生活接触最频繁的场所。民居的形式随房主的财力和文化修养的不同而具有很大差异性，且更新频繁。总体来说，明清时期关中村落民居以院落为主要形式，分为不同等级，等级越高形制越完备，装饰越精美，四合院形式等级较高，而等级较低的则是简单院落，且等级越低院落越简单随意。（图4.11）

(a) 院落　　　　　　　　　　　(b) 外观

(c) 看家楼（1）　　　　　　　(d) 看家楼（2）

图4.11　民居

关中传统四合院以窄长院落组织空间，平面布局紧凑、室内外空间处理灵活，中间为厅房，两侧为厦房。随规模的扩大而向纵深或横向发展，甚至发展成为庄园式。等级较低的简单院落，以生活为主，兼顾日常的生产活动，院落中部或北部为居住场所，以院墙围合院落，形成前院或前后院，院子两侧多为家禽、家畜的饲养空间。

3．节点空间

村落中的节点空间是指能够凝聚人群，成为视觉焦点的点状空间，在传统村落中这类节点空间主要有各类型的公共建筑、公共设施、标志物等。公共建筑包括各类祭祀的庙宇、风水塔、家族议事祭祖的祠堂；公共设施主要为公共生活服务的水井、涝池等；标志物的内涵则比较广泛，牌楼、大树甚至十字路口都能成为标志物类型的节点空间。

明清时期，村民的宗教信仰具有很大的世俗性和功利性，内容世俗而宽泛，大多是趋吉避祸、求子祈福等与日常生活联系紧密的神灵崇拜。加之"心诚则灵"思想的存在，庙宇贵在"有求必应"和方便日常祭拜，所以分布往往比较密集。明清时期关中中等规模以上的村落一般都设有庙宇，但庙宇常常规模较小，并且建造简陋。由于庙宇代表精神空间，为了区别日常的生活空间，常建于村头或村尾等村落边缘地带。庙宇是祭拜公共神灵的场所，而祠堂是祭祀家族祖先的场所，由于中国传统注重"孝文化"和尊重祖先，所以村民对祠堂的修缮尤为重视，在选址、形制、装饰等级方面不遗余力。祠堂的规模和等级也能代表此家族在村落中的地位，由祖先的尊贵彰显现世子孙的荣耀。祠堂通常占据村落的重心，成为村落中形制最高、装饰最豪华的建筑。规模较大的村落甚至还建有戏楼、风水塔等公共建筑。而其他的标志物如涝池、牌楼、水井等地也常常是村民茶余饭后的聚集之地，妇女在此盥洗衣物，聊着家长里短，孩子在此嬉戏玩耍，男子们也在此驻足聊天，是村民日常社交场所。节点空间虽然在数量上比民居少，但其对村落的精神、文化生活却尤为重要，对村落形态构成的影响也十分关键。（图4.12）

4．街巷空间

街巷空间是村落中的线形空间，关中村落街巷空间界面封闭，等级分明，可分为主路—次级路—支巷三级系统。随着村落规模的不同，一个村子常常会形成一条甚至几条主路，主路常十字交叉或丁字交叉，构成村落的主体格局。主路旁的民居往往建造时间较长或等级较高，公共建筑也多紧邻主路修建。（图4.13）

明清时期村落主路宽敞而方便人或马车通行，村落中重要的民居入口多朝

(a) 庙宇(1)   (b) 庙宇(2)

(c) 文星塔   (d) 涝池

(e) 水井   (f) 照壁

图4.12 节点空间

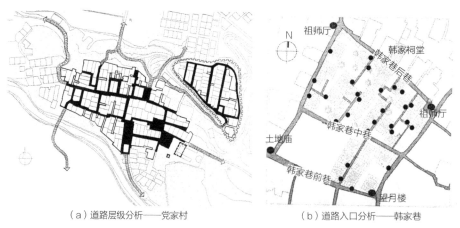

(a) 道路层级分析——党家村   (b) 道路入口分析——韩家巷

图4.13 历史时期村落街巷空间分析

(a)主路　　(b)次级路

(c)次级路　　(d)支巷

图4.14　街巷空间

向主要道路，主路的尽端常为庙宇或牌楼等节点空间，形成对景，宽度可达3～5米，道路平直，转折很少。讲究的村落道路用石板或青石铺砌，两侧有排水的沟渠，整洁而易于排水。普通的则为土路，下雨天比较泥泞。次要道路主要方便行人通行，道路较窄，多为2～3米，甚至更窄。支巷较窄，有的仅容一人通行，随实际需要而灵活布局，转折较随意，多为土路或碎石铺砌。（图4.14）

5. 边界

边界可分为显性边界和隐性边界，显性边界指实体围合的界面，封闭感强；隐性边界指由点、线等形态构成的心理上的界面，本身不具备视觉上的阻隔性，如檐口、牌坊等。易于识别的村落边界更有助于形成完整的村落意向，明清时期关中村落往往有清晰、明确的边界。显性边界既有天然形成的也有人工修筑的，自然的塬面、崖面、环绕的河流常常被历史村落选作自然边界；人工修筑的主要是城墙和环沟等，既明确了村落的界限，也具备了良好的防御功能。村落四周常常会种植大型乔木，这些乔木几株或几十株围绕在村落周围，形成了村落的隐形边界。（图4.15）

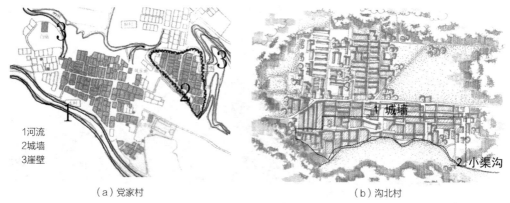

图4.15 历史时期村落边界

4.3.4 形态的价值模式

尽管农耕社会中村落形态的发展是自发的过程,但从区域整体来看,村落形态的特征与演变有其共性和规律性可循。因为在特定区域内,村民对自然因素、风水观念、生活方式和文化价值观念等因素有着共同的认知与信仰,在此基础上形成的村落布局与景观格局注重整体关系的建构和塑造,其形态组织不仅承载和反映其所处自然条件和共同的行为准则,更渗透与折射出深层次的哲理内涵和价值模式。其中,对传统村落形态影响最直接、最深刻的是天人合一的自然观与价值同构的整体观。

1. 天人合一的自然观

自然观是人们对自然界总的认知,是人们认识世界的基础。中国传统的自然观是一种有机自然观,把自然界看作一个普遍联系、不断运动的整体,强调人与自然的和谐共处,即人与自然保持一种"和合"关系。这种"和合"作为一个整体概念不仅存在于古人的自然观中,更是广泛存在于儒、道、佛和各流派的思想与行动中,具体在对待自然的态度上为"天人合一"的观念,认为"天"是大宇宙,"人"是小宇宙,"天"的存在应表现为其所派生出的"人"身上。因此,"天文"现象应作为决定"人文"现象的逻辑出发点,并通过人表现到人文现象中,最终达到"由人复天"的理想境界。在天人合一观念影响下,传统村落作为人类聚居的小环境,被诠释为沟通人与"天"(自然环境)的载体,其营建遵循天人合一的自然观,并反映传统文化的内涵与信息。具体表现为在村落选址与布局中注重因借自然与自然山水融为一体,同时注意对良好生态环境的追求。如《阳宅十书》开篇则曰"人之居处,宜以大地山河为主",主张选址时要"堪天道,舆地道";《宅经》中也记载选址"以形势为身体,以泉水为血脉,以土地为皮肉,以草木为毛发"。

对良好生态环境的追求则表现为对土壤、植被、气流、日照、水文、地形等因素的关注。如清代《阳宅会心集》记载："村乡之有树木，犹如人之有衣服，稀薄则怯寒，过厚则苦热。"就表明了植被对于村落环境的重要性。中国以农立国的特点，决定了人的生存唯有依赖土地这一物质基础。所谓"地者，底也。其体底下载万物也，亦言谛也"。古人关于理想生存模式的图示则集中体现出"天人合一"观念的精髓。如图4.16所示理想生存模式："背山面水""负阴抱阳""左辅右弼"的优良环境，就具有优良的生态、小气候、景观、空间等方面的条件。重视结合、利用基地现有条件又体现出了根据条件而变化的灵活、实际的特性。"天人合一"观念的影响是根深蒂固的，村民对其不仅仅是顺从，有时甚至是盲目的。如郭庄村，郭庄村村落形态呈明显的线形，纵向轴线远远大于横向轴线。郭庄村所在地域地势平坦，无山峦、沟渠等围绕，四周也无河流或公路等线形要素，故村落形态本应向团状村落发展，郭庄村邻近的村落也多为团状，唯独郭庄村如此。经调研获知，造成其线形发展的原因是村中流行甚广的一则传说，村中曾盘踞过一条巨龙，龙首朝东，村落的形态就此依照巨龙盘踞的形态呈线形发展，村落的走向则顺从了传说中巨龙盘踞的形状。

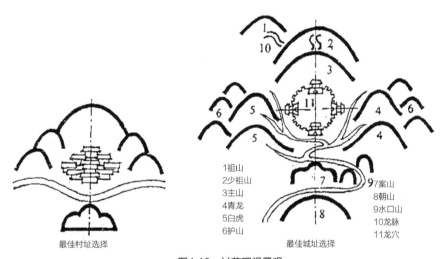

图4.16 村落理想景观

2．价值同构的整体观

在中国传统农耕社会文明中，村落是人们心目中理想的居住、精神家园，传统文化中隐逸、归隐的思想又强化了这种功能，加之"叶落归根"思想的影响，村民在离开村庄后无论加官晋爵或经商致富后总是期盼到老时能回归故里，安享晚年。故在其飞黄腾达之时往往会在村中买田置业，光宗耀祖，这是国人最朴素的价值观。归隐的外出人士与沉淀在乡野之中的读书人所共同构成的士绅阶层，保证了村落作为聚落单元在文化底蕴、财富聚集等方面与城镇聚落的同构性与平等性。城镇聚落作为一种聚居方式在商品交换、生活方式等方面与农村存在较大差别，但村落并不意味着落后与愚昧，士绅阶层的回流与归隐为村落带来了先进的文化与大量的财富，是农家子弟求学的力量与模仿的榜样。城镇对村落文化的控制与影响较小，村落是独立的文化聚居地和传播地。深厚的文化积淀与巨大的财富积累促使村落在选址、营建、建筑布局、装饰等方面保持着较高的水准，尤其是单体建筑的营造。而到了现代，由于长期重工抑农以及对于村落草根文化的破坏与摧毁，村落无论在文化聚集、经济发展等各方面都无法与城镇相抗衡，农村成为贫穷与落后的象征。大量的人才流向城镇，并最终选择留在城镇之中，能够跳出农家落户于城镇成为农家子弟的向往与集体追求。村民一旦在外乡立足，即使会将村中老宅翻建，也往往仅供父母居住或过节回家小住，村落不再是其最终居留之地与精神的皈依。农村成为老人和孩子的聚集地，"空心村"不仅是农宅的坍塌与空置，更意味着文化上的空缺，人才与财富的缺失造成农村文化的丧失，失去了文化支撑的村落营造变得混乱与盲目。

传统村落形态不仅仅是自然环境与物质要素的特征，更深刻地折射出村落的社会形态与村民的理想价值模式。现如今村落社会及生活方式、理想价值模式的转变是村落形态转变的深层动因，只有顺应、正视这些改变才能引导村落形态有序、健康的发展。

4.4 历史时期村落形态的类型划分

乡村形态本体包含了三个层面的内容：宏观层面上村落规模与分布，中观层面村落形式与特征，微观层面构成要素及组合等内容。宏观层面的研究反映了一定区域内村落分布的规律、特征及规模等内容，分布规律与特征以区域为视野，将村落视为无差别的点，研究作为点的村落与各影响因素之间以及村落与村落之间的相互关系。村落规模则论述了各村落人口规模、耕地规模的状况并分析其成因，探寻区域内村落规模发展的整体趋势与存在问题，指导各要素在村落之间合理分配。但是其研究以提取村落共性为基础，将村落简化为无差别的点，对村落形态及构成特征的涉及则相对较少，无法构成村落类型划分所需的差异性，所以不适合作为村落类型划分的依据。村落微观层面的研究以要素及要素组合为内容，缺乏对村落整体形态的把握，所以也不适合作为村落类型划分的依据。中观层面则以村落物质形态特征为研究对象，深入具体地探讨其形式特点及各村落之间的差异性及共性，故本书村落形态的划分以中观层面为基础，提出适宜的分类方法，归纳并演绎各类型村落的发展模式。

明清时期关中村落形态的自组织性和稳定性决定了村落形态发展受外界指令影响较小，其形态之间的差异主要体现为本体特征的不同，所以本书的划分以固态的物质形态特征为依据，将其划分为集村、散村、窑洞型村落。集村指村落内民居集中布置，耕地环绕在居住区外围的村落形态，集村是我国旱作农业区最常见的村落形态。在集村村落范畴内，根据各村落形态的不同，又可细分为团状、线状（鱼骨状）、不规则状等众多类型（图4.17）。团状指村落形态在纵横两个方向上发展均衡，村落几何中心点到村落各边界大致相同。团状村落规模一般较大，建村时间早，村落历史长，往往是村落空间分布体系中的"大村"，如户县蒋村。蒋村至少在宋朝之前就已经建村，至中华人民共和国成立时人口已增至2000余人，至2010年，人口已达4400余人。线状村落中民居沿主要巷道排列，主巷道相互平行，构成村落形态的主体部分，但纵向轴线不发达，长度较短且狭窄，无法与横向街巷相比。成因大致有两种，一种是由于地形的限制，村落沿河、沟或崖布局，无法纵向展开，只能横向发展，而形成线状村落（图4.18）；另一种往往是因为村落建村时间较晚，而周围已有较大村落的存在，新建村落只能选择在已有村落空缺处。由于能够获得的耕地有限，村落能够养活的人口受到

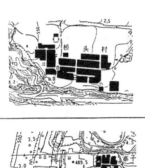
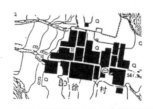

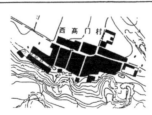

集 村

条状·梭状·团状

图4.17 集村

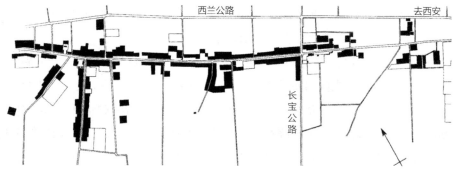

图4.18 线状村落——长武县十里铺村

限制，线状布局可以比团状布局减少交通流线，更有利于节约土地。当线状轴线发展到一定程度时，处于主轴线两端的民居交往距离会增大，且村民耕作半径的差距也将拉大，这种情况则会促使部分村民向纵轴线迁移，而逐步向团状发展。如果这样的线状村落继续扩展，则有机会向团状村落发展。此外，在关中地区还存在着众多不规则形村落，如柳枝村平面呈"L"形。

在集村村落中，有一类比较特殊的村落形式即"村寨分离型"村落，这类村落广泛存在于韩城北部地区，以党家村为代表。"村寨分离型"村落虽然布局紧凑，属于集村，但村落整体呈"双核心"，甚至"多核心"，即一个村庄由"村"和"寨"两大部分构成。"村"为村民日常生活、居住场所，而寨则是出于安全、防卫、存放财物而建，用于避难和藏身。既是抗击外敌的"守卫"之地，也是反击敌人的"战斗"场所，更是在敌人撤退之前全村人的"求生"之地。村寨一般距离较近，确保外敌来袭时尽快入寨，通常一个村建一个寨，但也有一个村建两个甚至三个寨子的情形，也有数村共用一个寨子的情况。旧时，寨中日常无人居住，仅作为紧急情况下使用，但现今由于人口增加，且防卫作用消失，有的寨子已发展成为村落，如郭庄村、郭庄寨原为一个村庄，现郭庄寨已独立成村，城墙已拆除，除保留"寨"的名称外，已与普通村落无异。（图4.19）

散村指民居分布较分散，耕地穿插于民居之间的村落形态，这类村落的形成往往是由于所在地形崎岖不平，很难获得较大的平坦之地建造村落，所以民居分散布局，且村落规模一般较小。散村在关中地区较少，多分布在关中四周山区内。（图4.20）

关中北部渭北高原地区，还存在着一些以窑洞为民居形式的窑洞村落。窑洞有靠崖式窑洞和下沉式窑洞两大类，渭北地区以下沉式居多。靠崖式多分布在山崖或冲沟上，窑洞靠山崖而建，平行于等高线布置，前面是开阔的山地，所以往往呈线性发展。下沉式窑洞俗称"地坑院"，主要分布于黄土塬干旱地带，由于无山坡沟壑可用，便利用黄土直立的特性，挖方形地坑，形成地坑院，然后在院内向四壁挖窑洞,最后以通道与地面连接。数个地坑院集中排布,就形成了村落,渭北黄土台塬区大量存在着这种地坑窑村落。由于地坑院比普通合院式民居占地面积大,为了集约化利用土地,关中地区的地坑院已逐渐消失。综上所述,本书将明清时期关中村落形态划分为三大类,总结于表4.8。

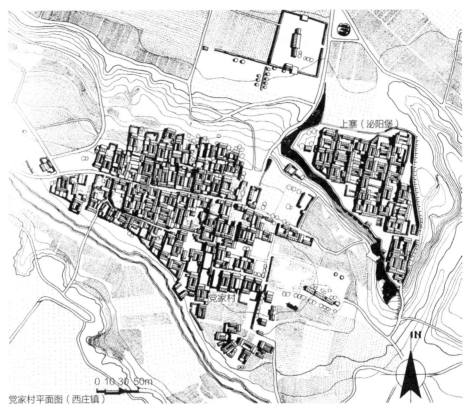

图4.19 村寨分离型——党家村

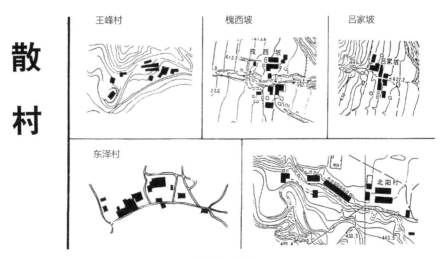

图4.20 散村

明清时期关中村落形态类型划分 表4.8

形态类型		村落形态	分布区域	特征	图示模型	代表实例
集村	普通集村	村落集聚发展，呈团状、线状或不规则状，道路较平直，十字相交	关中平原大部	住宅集中布置，耕地环绕周围		东王村（图示）蒋村
	堡寨分离型集村	双核心或多核心，内部集聚发展	韩城北部	居住地与防卫地分离		韩城党家村（图示）沟北村
散村		民居与耕地穿插布局，较分散，规模小，道路自由、随意	关中四周地形复杂处，如沿沟、沿崖、沿山等地	住宅分散，耕地穿插其间		华县梁堡村（图示）
窑洞型村落		分散布局	渭北高原	村落的民居以窑洞为主		淳化梁家庄村（图示）三原柏社村

4.5 本章小结

本章以明清时期关中村落作为村落形态发展的历史时期进行研究,客观描述并分析了村落形态的发展,总结了各影响因素的变化及其对村落形态影响的具体体现,论述了村落宏观、中观、微观层面的形态构成与价值模式,最后提出了适宜明清时期关中村落形态研究的分类方法。

对影响因素的研究表明,自然因素对关中村落历史形态的影响是全面而深入的。经济方面,农业经济持续进展,但商品经济却不甚发达,分散的自耕农模式抑制了村落发展受商品经济和区域环境的影响,形态封闭而受外来影响小,保持了自组织的形态特征。文化方面,安土重迁、血缘观念、儒家思想、道家学说、宗教观念都对村落产生了重大影响。社会结构方面,国家势力的弱化与村民权力的依附性共同造成了地方精英在乡村社会中的作用凸显,他们的审美喜好与文化倾向造就了乡村聚落的审美与价值取向。城镇体系,手工业商业不发达,市镇总量较少,初级市场较繁荣,对村落促进作用有限。

对村落形态本体的研究表明,关中平原地区村落在空间分布上整体呈匀质化,但局部随机性状态较明显。总结了形态的六大特征,自组织的空间形态、静态性、完整性、封闭性、层次分明、尺度适宜。分析了村落构成要素的进展,剖析了形态特征的价值模式:天人合一的自然观,价值同构的整体观。天人合一的自然观促进了村落选址与布局注重因借自然,创造良好生态环境,价值同构的整体观保证了村落作为聚落单元在文化底蕴、财富聚集等方面与城镇聚落的同构性与平等性。

最后,根据村落形态静态性和自组织性等特征,提出适合明清时期关中村落研究的分类方法,即按照本体形态的特征将其划分为集村、散村、窑洞型村落三大类型,并分析和总结了各类型村落。

5 — 现时期关中村落形态的发展

5.1　现时期含义

本书的现时期是一个以特征为主体,兼具时间内涵的概念,而非单纯具体地指某一段时期。现时期背景:改革开放以后,尤其是近些年来,在经历了较长时期重工抑农,优先发展城镇的工业化积累发展阶段,我国目前已进入工业支持农业、城市支持农村的工业反哺农业时期。2004年2月8日《中共中央国务院关于促进农民增加收入若干政策的意见》、2005年1月30日《中共中央国务院关于进一步加强农村工作提高农业综合生产能力若干政策的意见》、2006年2月21日《中共中央国务院关于推进社会主义新农村建设的若干意见》,以连续三年出台三个一号文件的方式表明了中共中央关于解决"三农"问题的决心和意见,将农村的发展提高到了国家战略性调整的高度。现时期农村的特征主要有:在经济方面,农村经济总量大幅激增,产业结构发生重大调整,农村中非农产业迅速发展逐步超越了传统农业成为村落经济新的主导产业。相应的农民的职业身份与价值取向也发生了颠覆性变化,农民传统思维中对于土地的依赖与敬仰随着耕地的减少与农业收入在家庭收入中所占分量的逐渐降低而减弱,土地不再是他们赖以生存的保证。城乡关系方面,城镇化迅速发展,村庄在经济、社会、生活等各方面与城镇联系日益紧密。为了集约化使用土地,减少基础设施建设费用,迁村并点规划正在逐步、有序推进。

5.2　现时期村落形态影响因素分析

农村发展是一项涉及众多内容的长期系统工程,然而究其实质则是农村经济、社会、文化全面、协调进步。现时期村落形态的迅速改变正是农村快速发展在村落形态层面上的反映和体现,农村经济社会生活的快速发展是村落形态改变的时代背景、深层原因和主导性要素,对于关中村落形态发展现状、面临问题、发展模式与设想等一系列问题的研究都应置于农村快速发展的大背景之下。

5.2.1　自然因素的影响

随着人类改造自然能力的提高,村落建造受自然因素的影响与限制作用逐渐减少。选址方面，历史时期村落往往选择自然条件良好、居住安全性较高的地方，对自然环境依赖性较强。而现如今村落分布位置早已固定，自然因素对村落选址的影响甚微，只有一些村落由于自然条件不适宜居住而整体或部分搬迁。如西庄镇沟北村，建村时出于安全与生产的考虑，选址在小渠沟以北，西倚梁山山系，南邻小渠沟岸，既有利于安全，也就近水源方便农业生产，村中的民居就毗邻小渠沟建造。现在由于沟壁土质松软塌方，一些紧邻河沟建造的民居已经滑入沟中，而且塌方区域还在逐年增加。所以村民在新建民居时，会远离沟岸而逐渐形成了现在的新村，老村则逐渐空废。民居建筑材料以及建造工艺方面，传统的地域性建筑材料由于性能、不方便批量生产以及价格不具备优势而逐渐退出民居建筑市场，钢筋混凝土及空心砖等建筑材料已经普及，取代了传统的地域性材料。随之而来的则是地方性建造工艺的失传，以及千篇一律的民居形式。传统村落的建造也十分注重顺从、适应当地的日照、风向等自然环境，而现在由于保温、采光等建筑材料及技术的发达，村落对自然环境的关照愈发不明显。自然因素对村落形态的影响不再以地形、地貌、气候等条件表现，而转变为自然资源的开采，在自然资源如煤矿、铁矿等较为丰富的地区，自发地形成了许多新建村落，矿区周围原有村落也有向矿区延伸，受矿区吸引的趋势。

5.2.2 经济因素的影响

1. 现时期关中农村经济的发展

1）土地资源破坏和浪费严重，耕地连年锐减

随着关中农业人口的增长、自然村落逐渐膨胀、蔓延，民居在无序建设中蚕食了耕地，加之废弃或闲置原有旧宅基地形成的"空心村"现象和建设用地的增加，都造成了土地资源的极度浪费，关中耕地面积呈现明显的连年锐减的趋势。2006年陕西省农村宅基地占地52万公顷，占全省建设用地总面积的64.6%。[①] 村域范围内工业企业乱占滥用耕地现象也十分突出。1992年关中地区尚有耕地 183.61×104 公顷，相当于1982年的78.3%。1995年，进一步降低至 175.84×104 公顷，仅为1982年的73.6%。而且随着人口的不断增加和经济建设的发展，耕地锐减现象愈演愈烈，人地矛盾更趋严峻。[②]

2）农业经济发展制约因素多

关中地区人多地少，土地总面积为 555.546×104 公顷，人均土地 0.281 公

---

① 陕西省国土资源厅关于推进农村宅基地复垦整理促进新农村建设意见的通知 [EB]. 陕西省人民政府网.
② 中国教育文摘 [J]. http://www.eduzhai.net.

顷，不足全省人均0.615公顷的一半，并远低于全国人均0.97公顷的水平。此外干旱缺水，农田水利设施脆弱也是制约土地效益的主要因素，关中地区水资源承载能力接近极限，农业抵御自然灾害的能力依然较低。土地利用存在巨大的地域与行业差异，且水利对农业生产的支撑能力明显不足，这些都进一步阻碍了关中农业经济的振兴，制约了关中农业后续持续发展。

3）农村经济总量落后，产业结构不合理

改革开放以来，陕西农民收入持续快速增长，2008年达到人均3136元，年均增长10%以上。但是横向比较来看，1978年人均纯收入与全国平均水平仅差1元，1990年扩大到人均156元，2007年扩大到人均1495元，是全国平均水平的62%，2008年为全国平均水平的64%，在全国各省（市、区）中排在倒数第5位。

除了经济总量落后外，关中农村经济产业结构还存在着明显的不合理现象。农村经济主要依赖农业内部的种植业，产业结构的不合理成为制约农村快速发展的重要因素。据陕西统计年鉴数据表明，种植业生产收入在陕西农民人均纯收入中仍占相当大的比重，从事农业生产经营住户中，63.8%的住户收入来源为种植业，2008年陕西农民人均纯收入中种植业收入985.2元，占比达31.4%。

2．经济因素对村落形态的影响

关中耕地锐减及其他制约因素的存在阻碍了关中农业经济的持续勃兴，农业后续发展推动力不足。农村中非农产业数量少、规模小，无法有效提升经济总量，提高农民收入。这些现实客观上要求关中农村在巩固和提高农业经济的同时，积极发展第二、第三产业，调整村落经济结构，加快城镇化发展的步伐，村落中乡镇企业和商业服务的出现与普及是村落形态不可回避的现实，也是导致其迅速转变最关键和最直接的因素，不能仅从形态保留出发而无视或否定村落产业的发展。村落形态要在满足村民宜居生活的前提下，与村落新兴产业协调发展，容纳和适应村庄新的经济形态。村庄经济的增长反过来会改善村民的生活水平，进而促进村落形态的有序发展。

5.2.3 文化因素的影响

1．关中文化现状

现时期农村文化问题正逐步得到学者和社会各界的高度重视。2005年，中国政府颁布了《关于进一步加强农村文化建设的意见》，提出要繁荣农村文化，这是适应农业、农村经济发展，满足农民对文化需求越来越强烈的战略思考。现时期，农村文化的特征主要体现为：

1）家庭文化生活丰富，公共文化生活式微

传统村落是以血缘、地缘关系为基础和纽带的社会结构，加之小农经济生产力低下，各农户势力较弱，在建庙、修渠等公共活动以及农忙时节，需要依靠家族或村落的势力，客观上强化了宗族、村落等宗派的势力。体现在文化上则为群体性、集体性文化生活的繁荣，如玩花灯、舞龙、祭祀、修族谱等，家庭内部文化生活相对较少。现如今村落文化生活出现了质的改变，国家势力下沉到村落，村委会成为国家政权的最基层单位，体现着国家权力，家族势力则被摧毁。随着服务化水平的提高，农户在耕作方面的独立性逐渐提高，加之机械收割机等商业性农业服务团体的普及，村民对于家族的依赖性逐渐减弱，单个家庭的概念日趋强化。同时新的具有较高经济性、便利性和易获取性的家庭文化生活形式逐渐增多，如电视、网络、棋牌等，多种原因导致了农户参与的公共文化生活日趋萎缩。据调查，农民从事较多的文化娱乐形式主要有看电视（27.35%）、打牌（12.69%）、读书看报（11.15%）、下棋（7.25%）、听广播（7.11%），人均每天看电视时间约为2.76小时。

2）农村文化逐渐被边缘化

关中文化是以农业为基础的农耕文化，"中国传统农业的主体形成于平原地区以种植业为主的农耕区。这种农业经济决定了中国的社会结构、生活方式、文化模式、价值观念、思维特点……农耕文化是中国农业文化的主要组成部分，决定着中国农业文化的特征。"[1]农耕文化是中国传统社会的文化基础，村落是形成和传承农耕文化的最基本土壤。中华人民共和国成立后长时间重工抑农及户籍政策的推行，使农村丧失了在经济、政治上的独立性和先进性，农村在社会生活中的主导性和话语权也逐步让位于城镇，城镇成为新兴生活的代表。村民在生活方式与文化信仰上逐渐以城镇为目标和向往，"像城里人一样生活"成为众多村民的理想。村落文化的异质性和先导性模糊，逐渐被城市文化边缘化。

3）文化形式匮乏

除了农村文化整体的边缘性特征，村落文化在具体内容和形式上也表现出极度匮乏的状态。关中农村文化传统浓厚，生活习惯、节庆演出、生产生活组织方式、社会规范、乡约村规制度、家族文化等众多方面都有体现，但现时期的传承情况不容乐观，很多优秀的传统文化正逐渐消失，农村文化底蕴不复存在。聚落文化更是出现了严重的千篇一律、极度雷同现象，传统聚落与自然和环境协调共生的优良传统丧失，成为城市的劣质翻版。

---

[1] 邹德秀. 中国农业文化[M]. 西安：陕西人民出版社，1992.

2. 文化因素对村落形态的影响

传统村落中浸染的文化底蕴深刻地影响了传统村落形态的形成，"天人合一"的自然观，宗族观念影响下村落集体空间和家族空间的发达，民居形制与装饰的精美都体现出对文化的追求。而现时期私性文化的繁荣，导致了村落集体文化的薄弱，原本属于村落空间、宗族空间的寺庙、祠堂等公共空间以及活跃的节点空间消失，空间形态趋于匀质化，民居形式也变得简单、乏味。

5.2.4 社会结构的影响

1. 现时期关中农村的社会结构

与经济结构、城乡结构变迁同时并行的还有乡村社会结构的转变。中国传统乡村社会中农户以家庭为单位从事生产和生活劳作，各户之间缺乏内在的经济和社会联系。国家政权则高度集中于中央政府，对乡村社会的治理较弱，主要通过意识形态和文化等手段，而非直接的行政命令方式治理和控制乡村社会，只要乡村社会遵守国家意志，政府一般不直接干预乡村生活。发达的中央集权同时促进了乡村社会的乡族自治、宗族自治，因为政权无须担心地方自治会危及政权的稳固。

现时期，国家权力逐渐向下延伸到村落，将村落纳入国家体系的结构环节。改革开放以及家庭联产承包责任制的实行打破了计划经济体制下国家和各级组织对社会资源的垄断，农民的独立意识逐步增强，农村社会也越来越体现出开放性、多变性和可选择性。但我国乡村治理依然是一种政府主导的治理模式，由政府自上而下推动，政府通过法律、法规、政策等从整体上规范、制约、引导着农村治理，并通过控制农村精英或直接派出官员等手段影响村民自治。

2. 社会结构对村落形态的影响

国家权力的下沉，加强了国家对乡村事务的管理和控制，各级政府会对自己所辖区域内宏观发展和具体事宜进行引导和管理，如"新农村建设""城乡统筹发展"等宏观发展战略的制定和实施以及微观层面关于房屋高度、公建类型等具体事宜都由政府制定和实施。由于政策的统一性和约束性，常常忽略了各村落之间的差异性和特殊性，造成了村落形态的趋同。例如，由政府主导配建的村落公共建筑，如警务室、医务室、图书室等常采用标准化的设计、建造，造成了各村落节点空间的雷同。

5.2.5 城镇体系的影响

1. 关中城镇体系发展历程

关中地区工业与城镇体系起步较晚且发展缓慢,真正意义上的城镇体系发展开始于抗日战争时期,随着陇海铁路修筑至西安以及国民政府欲将西北地区与中国其他区域整合政策的推行,关中经济有了较大发展,城镇水平也有了较大提高,城镇分布格局出现了一定的调整。咸铜铁路修筑后,交通条件进一步改善,位于公路和铁路沿线的一些原有城镇发展迅速,如西安、临潼、华阴等。而在关中西部的宝鸡、蔡家坡、虢镇等地则形成了产煤工业中心,原来的凤翔、岐山等政治中心因远离交通干线而逐渐呈现衰败的景象。但此时关中城镇短期发展与繁荣是相对的,无论是发展规模还是发展水平远远落后。至中华人民共和国成立前,关中地区仍是一个典型的农业社会,工业发展缓慢,城镇职能单一,规模不大,城镇间联系松散。中华人民共和国成立后由于国家经济建设布局的调整,一些沿海的工业企业逐步向西部和西北地区搬迁。此外,还有一批配套项目与企业在关中相继落户,众多的技术人员也从全国各地来陕援建,关中工业呈现快速发展的局面。至改革开放时,关中地区的军工、机械、电子、轻纺、能源、医药加工等众多行业已颇具规模。但关中的工业大多数是国家级大中型骨干企业,且以军工企业和重工业为主,地方企业和小企业则较少,致使关中现代产业的成长与地方经济的发展严重脱节,城镇化进程未与工业增长相同步,与农村经济更是缺乏内在联系。城镇规模和建设水平发展缓慢,农村经济则近乎停滞。

改革开放以来,关中经济水平迅速提高尤其是乡镇企业得到巨大发展,乡镇企业的聚集与兴起改变并完善了传统农村的经济社会结构,实现了农村产业的多元化,促进了农村经济要素向小城镇的集聚,推动了农村以及小城镇的发展和繁荣。乡镇数量及规模稳步发展,目前关中城镇化水平已接近50%。

2002年批准建设的国家级关中高新技术产业开发带和国家级关中星火产业带以西安为中心,以陇海铁路陕西段和宝潼高速公路为轴线,形成涵盖整个关中地区的高新技术和先进技术为特点的产业经济体系。"一线两带"具有不同的产业形态,是从工业和农业两个层面实现关中区域经济一体化的重要支撑和发展动力。"一线两带"不仅是经济密集区,而且还是农村城镇化的交汇点,大大促进了关中地区城镇化的进程和城乡关系的统筹协调发展。

目前,陕西正在加快中小城镇建设的步伐,以西安市为中心的关中城市群更是"关中率先发展"战略的重点。小城镇是城镇体系的重要组成部分,是推进城镇化、带动县域发展的重要载体。截至2009年,陕西除县城以外的建制镇有827个,但整体规模小,经济总量不足。2008~2010年,陕西省每年将实施100个建制镇基础设施建设，推进关中地区300个建制镇镇区镇容镇貌改善，并且提出了"千村百镇"建设整治的目标。从城镇景观、沿街建筑立面控制、环境绿化美化、镇容环境卫生等方面加大治理。2010年年底前，平原镇人口平均达到3万人左右，山区镇人口平均达到1万人左右。①

2．现时期关中城镇体系发展所面临的问题

1）城镇化水平较低

城镇化是指农村人口不断向城镇转移，城镇数量增加、规模扩大的历史过程。通常用一个地区常住城镇人口占该地区总人口的比例来衡量。低于30%视为低水平城市化，30%~70%为中等水平城市化，高于70%为高度城市化。现时期关中地区城镇化水平接近50%，属于中等水平的初级阶段。

2）城镇空间分布不均匀

关中地区城镇空间分布呈现明显的不均匀特征，由于地理条件及内部交通等因素的影响，陇海、西铜、西韩等铁路沿线出现带状分布的城镇密集区，形成以铁路为主线，西安、渭南、宝鸡、咸阳等为中心的城镇带。而在此城镇带两侧和关中西部的部分地区，城镇密度逐渐稀疏，规模减小，成为城镇分布的稀疏区，地区发展缺乏增长极。城镇分布的不均匀性直接影响了其所辐射的周边农村在经济、社会、文化等方面发展的均衡性，导致了村落在空间分布、人口规模等方面的差异。

3）城镇等级体系不完善

城镇等级体系指国家或区域城镇体系中按不同重要性区分的城镇等级结构关系。合理的城镇体系可以在各规模、等级城镇之间保持合理的比例关系，城市职能能够通过城镇等级依次有序地逐级扩散到整个体系。现时期关中城镇体系发展不均衡，城镇体系连续性不高。全区只有西安一个特大城市，缺乏大城市等级，且中小城市发展水平普遍低下，接受中心城市产业转移和信息、人才辐射的能力不足，不利于生产要素的扩散，不能形成有效连续的城镇网络和网状经济增长点。

4）城镇职能不完善

关中地区众多城镇形成于计划经济体制下，城镇政治职能突出，经济职能、文化职能、社会职能相对落后。各级别城镇，尤其是中小城镇职能结构、产业结构趋同，优势产业不突出，城镇个性不足。且城镇中非农产业特别是工业增长缓

---

① 陕西省人民政府办公厅关于加快关中地区小城镇建设的意见．陕政办发〔2008〕77号［EB］．陕西省人民政府网．

慢，城镇化产业基础薄弱，缺乏对周边农村剩余劳动力的吸引。城镇中水电、通讯、道路等基础设施陈旧且配套不健全，商业、教育、休闲等设施配置不完善，设计水平低劣，城市生活的优势性不显著，城镇居民生活方式和思想观念依然保留着浓重的传统色彩。

3. 城镇体系对村落形态的影响

城镇化的深入发展对村落形态转变的影响是持久而深入的，是村落形态转型与重构的机遇和挑战。城镇化是农村发展不可回避的现实因素，关中城镇体系发展所面临的种种问题客观上要求关中农村加快城镇化发展步伐，完善城镇职能，优化城镇结构体系，积极推进城镇化的全面发展。城镇化改变了原有的城乡结构，密切了村落与城镇之间各项资源的交流，村落对城镇的依赖性日趋加强。快速的城镇化进程带来了城镇的生活方式，促进了村民文化追求的转变，表现在村落形态上则为民居和公共建筑在形制、装饰上的改变。在城镇化过程中有许多村落甚至直接被纳入了城镇体系，成为镇或建制镇，原有的农村聚落逐步向城市社区发展，村落形态瓦解转变为城镇居民点。

5.2.6 制度因素的影响

制度因素对村落形态的影响直接而明显，且具有一定的实效性，能够在一定时期内快速、全面地影响村落形态。现如今各级政府加强了对村落各项事务的管理，出台了各种管理条例、实施办法、公告等。

2005年颁布的《陕西省农村村庄规划建设条例》，从村庄规划、村庄建设、村民住宅建设等几个层次对陕西农村村落形态进行全面监管，是关中农村村落建设的根本性制度，分为村庄总体规划、村庄建设规划和村民住宅等三大部分内容。其中，村庄总体规划包括：乡（镇）行政区域内的村庄布点，村庄规模和发展方向，村庄和村民住宅的总体风格，村庄的道路交通、供水等设施的配置；村庄建设规划的主要内容包括：住宅布局和建筑风格，道路走向、宽度，养殖和加工等产业发展用地，供水、排水、供电、通信及其他工程管线和绿化、环境卫生等生产生活设施的具体安排，本村企业和教育、卫生、体育、文化等各项建设的用地布局和规模；村民住宅建设内容主要有：村民住宅的建设原则、建筑风格，房屋位置、房屋结构、通道、庭院、围墙、门户、卫生设施、畜禽圈、沼气设施等家庭生产生活设施的建设，甚至对宅基地的位置、面积、四至、基础标高、房屋层高等都有具体规定。这些制度具体规定了村落建设的方方面面，直接决定了村落形态的发展。再如《陕西省制定农村社区服务中心建设实施办法》规定：每个建制村社区服务中心服务用房面积不少于200平方米。村民文体广场面积不少于1000平方米，从规模上限定了村落公共建筑和节点空间的形态发展。

传统村落中宗族共同体拥有村落建设的决定权，宗族的个体性和差异性，造就了村落形态的特异性。现时期政府在村落建设中的主导性，统一了村落建设的方向，同时也限制了村落形态的自由发展。

5.3 现时期村落形态的本体构成

由影响因素的分析可知，从明清时期到现在，关中村落在社会、经济、文化等众多方面与明清时期已截然不同，村落形态也经历了巨大的变迁。下文从宏观、中观、微观三个层面对现时期关中村落形态展开论述与分析，客观、真实地反映村落形态的现实状况。

5.3.1 宏观层面——规模与分布

现时期，各级各地政府加强了对村落建设的监督和管理力度，学术界对村落问题的研究热情也日益高涨，纷纷加大了对农村现实状况的调研与分析，掌握了丰富、翔实的基础资料，为研究村镇规划、建设、管理问题提供了依据。根据本人以及他人的调研数据，可以较为整体、客观地描述出现时期关中村落规模与分布状况。

1. 现时期关中村落规模[①]

1）自然村与行政村

村落有自然村和行政村的区别，自然村指农村地区的自然聚落形态，由一个或几个家族聚居而逐步发展起来的居住群落，是农民日常生活和交往的单位。与自然村概念相对应的是行政村，行政村是由国家设立的行政区划管理的最基层单位，是国家行政组织所在地。行政村与自然村关系不一而足，有的行政村与自然村是重叠的，如户县蒋村既是行政村又是自然村；有的行政村可以包括几个甚至十几个自然村，如华县梁堡村（行政村）由梁堡、李堡、蔺家河、玛瑙坡、陈堡5个自然村组成；也有个别自然村划分为一个以上行政村的，如户县祖庵村由于

---

① 为了数据的权威性和一致性，本章节中关中现时期村落相关数据采用陕西省住房和城乡建设厅编制的《陕西省村镇建设统计年报(2009年)》为据，各表格具体内容由作者自行设计完成.

人口众多现在就划分为祖东村、祖西村、祖南村、祖北村4个行政村。

2）现时期关中行政村村落规模

村落规模主要包括村落人口规模和村落用地规模两大指标。人口规模主要依据区域农业经济水平和土地承载力等相关影响因素的发展，确定合理的农业人口容量。用地规模的确定是在坚持土地集约化使用的原则基础上，通过对村落住宅用地和农业用地等现有用地的合理布局和调整，确定村落发展的合理用地规模。村落规模的确定通过对各级村落的布点规划，逐步完善村庄等级结构，体现了政府对本地域内村落理想规模的规划与构想。

现时期关中村落规模（行政村） 表5.1

地区	现状用地面积（公顷）	平均每村用地面积（公顷）	平均每村户籍户数（户）	平均每村户籍人口（人）	行政村个数（个）
西安	43289.47	17.79	312.67	1260	2433
铜川	8158.81	16.79	181.83	712	486
宝鸡	35825.42	21.61	372.93	1430	1658
咸阳	42635.87	18.72	302.74	1198	2278
渭南	61517.85	19.90	285.32	1288	3092
合计	191427.42	19.24	305.55	1256	9947

由表5.1可知，通过合理调整和合并，截至2009年底，关中地区共有行政村9947个，村庄户籍户数303.9267万户，村庄户籍人数1249.68万人，平均每个行政村305.55户，1256人，每户4.11人，每村用地19.24公顷。行政合并后，在关中区域内部除铜川外，各地农村用地规模、人口规模发展较均衡，区域之间差异不大，且村落平均人口规模较大，均超过1000人。宝鸡市域内村落人口规模最大达到每村1430人，咸阳、西安、渭南三地与宝鸡相似。铜川地区村落人口规模与关中其他区域相差较远，仅为关中平均数值的一半。这是由于铜川地区作为资源型城市，发展起步不完善。相似的村落规模方便了政府管理以及基础设施的建设。

3）现时期关中自然村规模

自然村是自然的聚落，更能反映村落固有的自然形态特征，所以下文的数据以自然村为依据，用表格的形式加以呈现，以获取村落规模的直观印象，并通过与其他地域的比较，明确关中村落规模的特征。截至2009年底，关中地区共有自然村30145个，平均每村用地6.35公顷。村落平均人口415，人均用地面积153平方米。与陕北、陕南相比，村落用地规模和人口规模都存在较大差异，具体见表5.2。

现时期陕西三大地区村落规模比较（自然村）　　　　　　　　　表5.2

地区	现状用地面积（公顷）	平均每村用地面积（公顷）	平均每村户籍人口(人)	人均用地面积（平方米）	自然村个数（个）
关中	191427.42	6.35	415	153.0	30145
陕北	90904.66	5.06	232	218.1	17949
陕南	108120.27	4.51	272	165.8	23958

由表5.2的分析可知，现时期陕西三大地区自然村村落规模发展不平衡，关中地区用地规模、人口规模均较大，陕南次之，陕北最小，只有关中的50%左右。造成这种现象的主要原因是自然环境和历史文化的差异。关中历史悠久、地势平坦，所以历来人口众多，而陕北沟壑纵横，自然环境较为严峻，人口相对较少。陕西三大地区村落规模的这种差异形成已久，且沿袭至今。

现时期关中与我国其他典型地区村落规模的比较可以直观地反映出关中地区与其他地区及全国平均水平之间的差异，明确关中村落规模的特点以及在全国范围内的发展水平。本书的典型区域选取了北京市、河北省、山西省、江苏省和浙江省4省一市。北京地区是我国北方经济最发达区域，河北省可以代表华北平原地区，山西与关中邻近，其自然地理环境及经济发展水平与关中有一定的相似性，其数值可以和关中进行同类比较，江苏和浙江可以代表我国东南沿海经济发达地区的数据，和关中进行差异性比较。

由表5.3的分析可知，以村落规模平均数值比较，北京地区和河北省作为我国华北平原地区的主体，其村落规模最大，北京地区用地规模达到全国平均值的4倍，两地人口规模也接近全国平均值的3倍；关中和山西数值接近，其规模小于华北平原地区但高于全国平均值；江浙地区村落用地规模、人口规模最小，均低于全国平均值。除北京外，各地人均用地面积差异不大。（表5.3）

现时期关中与我国其他典型地区村落规模比较（自然村）　　　　表5.3

地区	现状用地面积（公顷）	平均每村用地面积（公顷）	平均每村户籍人口(人)	人均用地面积（平方米）	自然村个数（个）
关中	191427.42	6.35	415	153.0	30145
北京	96963	22.05	755	292.0	4397
河北	826508	14.71	762	193.0	56169
山西	365229	7.90	421	187.6	46206
浙江	356787	3.96	250	158.4	89994
江苏	732381	4.77	243	196.3	153383
全国	13627604	5.02	284	176.8	2713893

关于村落人口规模结构分布，由表5.4和图5.1可知，在整个关中地区，咸阳市域内自然村人口规模最大，西安、渭南次之，铜川最小。咸阳小型村落占到19.3%，中大型村落58.3%，特大型村落达到22.5%，是关中平均值的两倍；西安、渭南两市无论从村落总数，以及各规模村落所占比例均相差不大，中小型村落占总数量分别为68.3%和69.3%，特大型村落分别为10.7%和11.6%；铜川村落人口规模最小，中小型村落达到村落总数的89.3%，200人以下的小型村落就有49%，而特大型村落只有2.4%。（图5.1）

现时期关中村落人口规模结构分布（自然村） 表5.4

地区	200人以下 （小型村落）		201~600人 （中型村落）		601~1000人 （大型村落）		1000人以上 （特大型村落）	
西安	2206	31%	2651	37.3%	1481	21%	762	10.7%
铜川	942	49%	774	40.3%	158	8.2%	47	2.4%
宝鸡	3347	42.7%	2849	36.4%	1131	14.4%	506	6.5%
咸阳	930	19.3%	1581	32.8%	1228	25.5%	1086	22.5%
渭南	2125	25.1%	3494	41.3%	1743	20.6%	1104	13.0%
平均	9550	31.7%	11349	37.6%	5741	19.0%	3505	11.6%

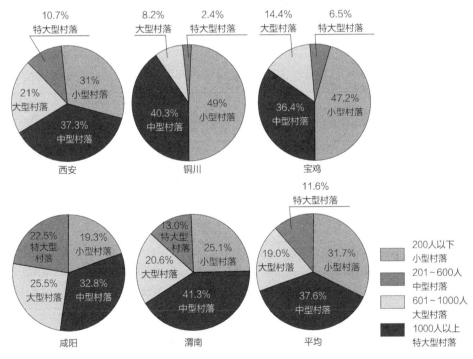

图5.1 关中村落人口规模结构分布

由表5.5可知，在陕西省三大不同地理区域中，关中村落规模最大，陕南次之、陕北最小，陕南陕北两地比较接近，与关中差异明显。关中地区中小型村落占总数的31.7%，大型村落占比19%，特大型村落达到11.6%；而陕南、陕北两地则以中小型村落为主，其中陕南54.3%、陕北则高达91.2%，陕北特大型村落只有1.7%。（表5.5）

现时期陕西三大地区村落人口规模结构分布（自然村）　　表5.5

地区	200人以下（小型村落）		201~600人（中型村落）		601~1000人（大型村落）		1000人以上（特大型村落）	
关中	9550	31.7%	11349	37.6%	5741	19.0%	3505	11.6%
陕北	9916	55.2%	6462	36.0%	1273	7.1%	298	1.7%
陕南	13012	54.3%	7127	29.7%	2269	9.5%	1550	6.5%

与其他地域比较而言，华北平原地区的北京、河北等地村落规模最大，山陕平原次之，江浙地区最小，这与村落规模平均数值结论一致。华北平原地区大、中、小、特大型村落结构分布较均匀，各类型村落所占比例均衡；山陕平原中小型村落较多，占总数的约2/3，大型特大型占总数的约1/3；而江浙地区则以中小型村落为主，分别占据总数的82.8%和84.5%，特大型村落则很少，只有约5%。（表5.6）

现时期关中村落人口规模结构分布与我国其他典型地域比较（自然村）　表5.6

地区	200人以下（小型村落）		201~600人（中型村落）		601~1000人（大型村落）		1000人以上（特大型村落）	
关中	9550	31.7%	11349	37.6%	5741	19.0%	3505	11.6%
山西	17305	37.5%	14224	30.8%	8588	18.6%	6089	13.2%
北京	1041	23.7%	1378	31.3%	1010	23%	968	22%
河北	15458	27.5%	15726	28.0%	11636	20.7%	13349	23.8%
浙江	45320	50.4%	29157	32.4%	10078	11.2%	5439	6.0%
江苏	76870	50.1%	52753	34.4%	15935	10.4%	7825	5.1%

与历史时期相比，关中村落规模也有较大发展，以咸阳地区为例，从明清时期发展至今，咸阳地区村落人口规模与户规模都有较大提高，村平均人数由明清时期的261人增加至现在的566人，村平均户数由37.82增加到142.93户。但各户的户籍人口则大幅降低，由原来的每户6.91人降至不足4人，表明现时期农村家庭结构的转变，由原来的大家庭裂变为4口之家为主的家庭模式。（表5.7）

历史时期、现时期咸阳村落规模比较（自然村） 表5.7

时期	村平均户数（户）	村平均人数（人）	每户户籍人数（人）
历史时期	37.82	261	6.91
现时期	142.93	566	3.96

2．现时期关中村落分布

由于城乡统筹发展政策的引导和农村发展的现实需要，现时期关中村落分布正在经历着巨大变革，主要是城镇体系规划、村庄布点规划的推进。村庄布点规划属于新型规划类型，是为了实现县域村庄合理布局，构建合理村镇体系，促进区域内城乡统筹发展，完善区域社会公共服务设施布局，提高村民生活质量而进行的以镇或县为单位的村庄等级结构分布规划，将区域内村庄按照不同的等级结构进行重新规划，从而形成合理的村庄等级结构，促进各项资源在城乡之间合理、有序地流通。

村庄布点规划从区域现状分析和背景入手，分析区域内村庄规模、产业和职能、空间、设施分布的类型与特点；结合当地城市化发展途径、城镇体系规划及城镇总体布局，明确当地城乡职能与空间关系，结合各类自然资源与人文资源、区域性基础设施与社会服务设施的保护与开发、分布与发展要求，明确村庄功能与空间的关系。重点是按现状中心城区、镇区、农村地区等不同类型的分区进行村庄规模、职能与空间结构的规划，并提出行政或空间转移的撤并方案。

其中，自然村撤并为行政村是村庄布点的重心和难点。村庄撤并主要是将分布过于分散、人口过少的村落撤销并迁出，合并于其他周围村落，或将位置邻近规模适中的村落统合为一个大的行政村。适当的村落撤并有利于村落土地的集约化使用，合理的分配与布局村落土地，促进农村居民点相对集中，降低村落基础设施建设费用，加强行政管理（图5.2）。至2009年底，关中区域内村落合并情况统计为表5.8。

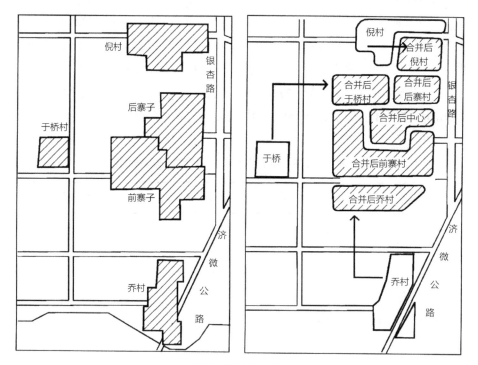

图5.2 迁村并点示例

关中地区村落合并统计表　　　　表5.8

地区	行政村个数	自然村个数	平均每个行政村含自然村个数
西安	2433	7100	2.92
铜川	486	1921	3.95
宝鸡	1658	7833	4.72
咸阳	2278	4825	2.12
渭南	3092	8466	2.74
平均	9947	30145	3.03

5.3.2 中观层面——形式与特征

1. 它组织的空间形态

传统村落由于游离于国家权力机构中心之外而具有较大的自主性。加之传统农耕经济自给自足的特性，都促成了传统乡村社会的自主性与封闭性，与之相应的村落形态则为典型的自组织系统，具有自组织系统的开放性、层次性、非线性等诸多特征。进入20世纪以来，行政力量的不断下沉，乡村社会权力体系已经由独立的单元转向社区化倾向，村落成为国家政策控制力下的基层单位。加之农村经济的外向型发展，村落对外部资金、信息、原料等依赖性加强，成为国家经济链的环节之一，众多因素导致了村落形态受外界因素影响日益增强，外界因素对村落形态的改变程度巨大，作用力强，导致了村落社会层级的断裂、村落尺度失真等一系列问题。这些外部指令主要包括了农村产业结构调整、农村城镇化发展、农村迁移与政府行政干涉等。农村产业结构调整使村落中引入了大量非农产业，传统的分散、封闭的小农经济被整合为新型农业产业。非农产业与新型农业产业的存在使村落中引入了厂房、办公楼等大尺度建筑，破坏了村庄原有肌理。且非农产业的发展也改变了村落原有的经济结构，村民由农民转变为"工人"，职业角色和身份的改变是村落诸多变化的根源。农村城镇化的发展则将大批农民转化为市民，大量农业用地转化为城镇建设用地。村落在功能、角色上的解体导致了村落形态的巨变。外部指令的存在使村落形态系统逐渐由自组织系统转变为它组织系统。

系统的组织规律表明，它组织系统由于依赖"外界的特定指令"，那么一旦它组织的"外界特定指令"消失，系统就会失去依赖对象而走向衰败。所以，系统最好的组织形式是自组织系统，一个系统自组织功能越强，其保持和产生新功能的能力也越强。

2．形态破碎

现时期村落在功能上趋向单一，逐步向单纯的居住场所转变，其他功能逐渐丧失或弱化，村落形态破碎化趋势明显。

1）功能单一化

传统村落是以居住为主要功能，融教化、祈福、社交、生产为一体的完整聚落单元，村落形态的完整性与层级分明性明显地承载和反映了这些功能。居住的农宅，教化的祠堂、私塾，祈福的寺庙一应俱全。且组织方式也表现出一定的规律性和秩序性，遵循天人合一的自然观与彰显教化的礼制秩序等。传统村落是一个规模小而功能全的独立社会单元，与外界交往甚少，内部却很发达、健全，村落形态是层级分明的自组织系统。而现在，村落功能趋向单一，宗族制度的瓦解与大家庭的分裂，导致了宗族空间的解体，祠堂建筑不复存在，即使建筑依然存留，也大多废弃或转为他用。私塾的功能也让位于各级各类学校，传统村落中，根据村落大小的不同，一个村中会有数个私塾，而现在出于教育资源的整合则往往数个村庄才会联合建立一所小学，中学则更多以镇或县建立，私塾中所传授的家族与村庄的历史与荣誉也一并丧失。村落中的交往空间如街巷、井台等也受到

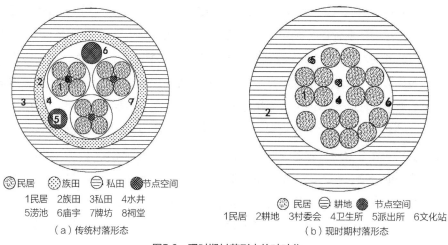

图例：◎民居 ○族田 ═私田 ●节点空间
1民居 2族田 3私田 4水井
5涝池 6庙宇 7牌坊 8祠堂
（a）传统村落形态

图例：◎民居 ═耕地 ●节点空间
1民居 2耕地 3村委会 4卫生所 5派出所 6文化站
（b）现时期村落形态

图5.3 现时期村落形态的破碎化

巨大冲击。通信技术的普及以及生活方式的转变，村民尤其是年轻人交往空间迅速扩大，经验和知识不再囿于农村和农业生产，乡土观念逐渐淡化，农耕不再是理想的生活方式，脱离土地从事其他产业转变了农民的职业身份，村落的功能逐渐转变为单纯的居住场所，其他功能趋于消亡。（图5.3）

2）村落空间系统层级链断裂

历史村落中，村落形态呈明显的村落—家族—民居三级分明的系统，且各层级要素在形态上是同源同构的。而现在原属于村落、家族层级的寺庙、祠堂等建筑的功能和实体均已丧失，新建的公共建筑如村委会、图书馆、卫生所等虽然方便了村民的某项生活，但这类公共建筑往往是由县或镇上统一修建，并非村民自发修建，因此建筑形式雷同、单调，在平面形式与整体造型上，与周围民居缺乏内在统一性，在选址上也较随机，无法从精神上、形态上统摄、协调村落整体形态，村民从内心上对此类建筑缺乏认同感与心灵的皈依感。村落、家族层级建筑的丧失导致了村落层级系统的断裂。

3）形态松散

传统村落生活中土地私有，土地几乎是农民唯一的生存方式，人们依赖土地、珍惜土地，视土地为最宝贵的资本，本能地保持土地的最大化，减少每一寸对土地的侵占。即使是建设农宅这样重大的事情也不会轻易侵占耕地，普通农户家中子女长大需要分家时，如果条件允许也会首先选择在原有宅基地上翻建新房，而不会随意去侵占耕地。因为这不仅意味着建房本身需要花费巨大的财力、物力，而且被占用的耕地本身就是一笔财富。而现在的农村，土地是集体财产，农村家庭在男性子女成家时可于老宅之外获批一份自有的宅基地另建新房成家，这份宅基地的获得通常是免费或费用极少，即将本属于集体的土地财产合法地转为"私有",所以村民在新建农宅时会选择新划批宅基,或弃旧宅建新宅。很多旧宅因此空费下来,任其年久失修甚或倒塌。这不仅加剧了村落的空心化现象,也使本来紧凑、规整的村落景观变得支离破碎。由于缺乏必要的管理和规划,新建民居往往建于村落四周,恣意蔓延,导致了村落边界的无序扩张和模糊,原本完整、清晰的村落形态趋于解体而变得破碎。

3．尺度失真

封闭、内向的传统村落到了当代,由于生产方式、生活方式尤其是交通工具的转变,发生了巨大变化,村落尺度的改变尤为明显,过去宜人、舒适的尺度变得空旷而失真,主要体现在以下几个方面:

1)村落规模逐年增加

现时期农村人口快速增长,村落规模逐年增加,耕地则日趋减少。如蒋村在中华人民共和国成立时人口不足2000人,至2010年时,人口已增至4400余人。村庄居住部分的面积增长将近4倍。加之修建道路占地和其他占地,人均耕地已由中华人民共和国成立时的3亩左右降至不足1亩。村庄规模的扩张带来了诸多后果,过大的规模增加了村民交往的距离,客观上阻碍了村民之间的交往。且过大的规模不利于村落事务的管理,蒋村正月民俗活动原为沿村落四周进行,村落规模扩大后,若沿现在村落四周进行则大大增加了游行路线,且需穿越过境县级公路,十分不便。(图5.4)

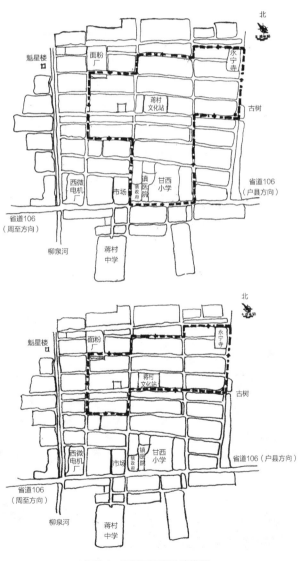

图5.4　蒋村正月活动路线图

2）村中道路尺度巨大

村中道路尺度变化也较为明显，传统村落中街巷宽度主要考虑行人兼顾畜力车辆的通行，道路宽度较窄，主要街巷宽度多在3~4米，支巷则更窄，有的仅容一人通行。而现在由于交通工具的改进及各级政府对道路修建的投入，关中各地村落主要道路的路面宽度已普遍增至6~7米，可容两辆汽车并排通行，有的甚至达到10米，再加上两侧的明沟排水，宽度则更大。如同兴村路面宽度均为10米，村边的省道宽度反而不足7米（图5.5）。拓宽的道路方便了交通工具和农用机具的出行，但同时割裂了道路两旁的交往，也给玩耍的孩童带来了安全上的隐患，村中道路的修建单纯以方便交通为目的，尺度与过境公路相似，过于通畅而无变化，忽略了村民心理上及生活上的需求，丧失了原有道路尺度的亲切感（图5.6）。

3）建筑尺度的变化

村中居住建筑及部分公共建筑如产业建筑的出现，导致村落尺度及整体意象颠覆性的变化。随着村民收入提高及"有钱先建房"思想的影响，住宅翻建现象较为普遍。20世纪80年代至20世纪90年代翻建新房以两层为主，近几年来层数有逐年增加的趋势，新建3层的现象有所增加，有的甚至达到了4层。在一些邻近城镇的村落中，农宅则高达5~6层，且占满整个宅基地建设，有的甚至占据了部分道路用地。导致了村中房屋密度过大与原有村落景观的转变。村庄中引进的产业、商业类建筑如厂房、市场等建筑在尺度、形制等方面更是与原有村落景观格格不入。村落原有的以居住为主，人性、亲切的尺度被肢解，沦落为大尺度建筑的附属（图5.7）。此外，有些邻近铁路公路的村落，大尺度铁路、公路设施的修建不仅造成了噪声与环境的污染，更与村落原有景观极为不协调，破坏了村落原有宜人、亲切的尺度感，割裂了村庄原有的整体性和协调性。

（a）同兴村主路　　　　　　　　　　（b）村旁省道

图5.5　过宽的村落道路

图5.6 村旁的高架公路

（a）东王村的洗煤厂

（b）蒋村供电营业所

5.7 村落中的大尺度建筑

4．村落景观趋同

传统村落景观千姿百态、多姿多彩，地域性特征十分明显。即使在地域条件相似的村落中，其村落景观也会有所不同，可谓"十里不同俗"。村落河流的流向、道路的格局、村落的节点等多会因地制宜而形态万千。而到了现代，由于改造自然条件能力的提高和缺乏对自然生态重要性的认识，村民往往按照自己的意愿肆意改造，如对村落周围自然形态的河流与道路的取直和人工加固。户县祖庵村于20世纪90年代将村西的河流进行改造取直。这样虽然有利于宅基形状的规整与对河流的管理，但过于人工化的材料和机械化的形态削弱了自然形态的河流所能带来的视觉上的多样性与心理上的归属感（图5.8）。再如，村庄道

图5.8 笔直的道路

路尤其是联系各村庄之间的各级省道、乡道等的建设更是在材料、宽度、沿路景观上趋于雷同，毫无变化与生气。由于受政府统一规划与指导，规范与定型的标准虽然保证了道路的质量，但却丧失了视觉上的感受与差异。

民居随意建造更是加剧了村庄景观的无序与雷同，由于农宅的设计与建设由村民自行负责，村里及上级建设部门只是在房屋高度、层数与占地面积等方面有所控制，对风格、立面、平面等形式问题并无过多干涉与指导。村民建房时的样本即周围已建成的房屋，在相同原型的影响下，农宅日趋相似。且建造材料与施工队伍的单一也加剧了民宅形式的雷同，出于经济因素的限制，村民在建房时更多地考虑面积的大小、质量的好坏与使用是否方便，对于形式则顾及很小。经济富裕的村民，虽然不再囿于经济的束缚，但由于缺乏相应的审美，往往流于盲目的照搬、照抄。

5.3.3 微观层面——要素与组合

关中农村经济社会的巨大嬗变，改变了几千年来形成的村落形态，这种改变存在于村落形态的各个层面，微观层面的变化则最为直接和显著。

（a）依塬傍水的党家村　　　　　　　　　　（b）远离塌方的沟北村

图5.9　自然环境的作用

1. 自然环境

自然环境是构成历史村落形态不可或缺的重要组成部分，村落从选址到营建都讲求对自然环境的选择与顺应，从安全或有利生存的角度选择合适的建村地点。"选择有利环境"是历史村落对自然环境的最高诉求，而现如今安全和生存都是容易解决的问题，建村的原则是有利于村落经济社会全面发展与方便的交通、合适的规模、较少的市政设施建设费用等因素，"规避不利环境"成为对自然环境的最高要求，如沟北村就逐渐远离了正在塌方的小渠沟。依附自然环境而生的历史村落由于自然环境的独特性和不可复制性，其形态也具备了一定的个性和特征，以追求普适性和规则性为原则的现时期村落，自然环境在村落形态中所起的作用日渐弱化。（图5.9）

2. 民居

民居是村落形态中最活跃的因素，由于近些年农民收入的大幅提高，翻建新房蔚然成风，村中民居的建造可谓日新月异。仅2009年一年，关中地区就有68162户农民建造了新房。[①]现在，关中农村中的民居多为近二三十年间新建，更早时期的民居大多已经拆毁或翻建，虽然村落中还保留着一些建造精美的明清时期的民居，但存量极少。书中选取蒋村4户农宅为代表，分析20世纪70年代至今各时期关中农宅的特征。（表5.9）

---

① 此数据采用陕西省住房和城乡建设厅编制的《陕西省村镇建设统计年报(2009)年》为据.

表5.9 关中民居特征分析

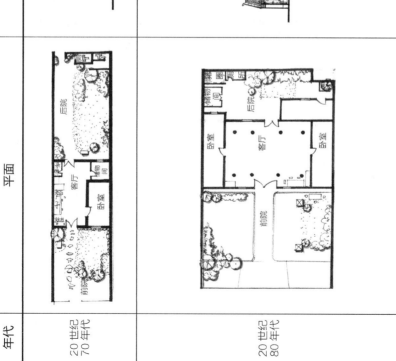

年代	平面	立面	外观	室内
20世纪70年代				
20世纪80年代				

续表

年代	平面	立面	外观	室内
20世纪90年代				
21世纪00年代				

3. 节点空间

节点空间是村落形态构成中的活跃元，也是最能表达村落特质，构成村落意向的空间，但现如今农村中能够真正吸引村民聚集、形成视觉焦点的节点空间正日趋减少。一些在构图上能够形成节点的空间如公共建筑、室外活动场地等由于无力吸引人群而无法真正发挥节点空间的功能。且生活方式的转变也削弱了村民对节点空间的需求，降低了节点空间在村落形态中的作用。（图5.10）

4. 街巷空间

现时期，关中村落街巷空间也有了较大变化，虽然在构成、分布、走向等方面大多沿袭了村落原有面貌，但在空间尺度、界面材料以及对外界交通联系等方面则变化巨大。村落中街巷空间常常拓宽，主路宽度至少有6米左右，方便汽车通行和会车，宽的可达10~12米，村中小巷和断头路则往往被改造取直或纳入民居之内而逐渐消失，村落街巷空间等级被压缩。街巷空间的界面材料则被统一为沥青路或水泥路。此外，随着人口增加，街巷空间密度增大，次级路及支巷数量增加，如图韩城郭庄村街巷空间的发展。村落与外界交往加强，村落主路多与乡镇公路直接相连。（图5.11）

（a）活动广场

（b）活动中心

（c）文化站

（d）村委会

图5.10 节点空间

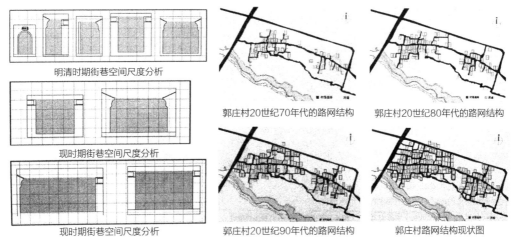

图5.11 街巷空间分析

5. 边界

随着村落与外界经济、社会、交往的加强及村落安全防卫要求的消失，现时期关中村落的边界正在逐步模糊。历史村落中的边界如防卫用的城墙现已被拆除、各种天然的边界如崖沟、塬壁等由于不安全和不利交通而被放弃。与外界的交往也促使民居自发向公路靠近，模糊了村落原有边界。（图5.12）

现时期，关中村落形态的各组成要素都发生了巨大而明显的变化，直接改变了村落的原有形态。这种形态的变化是众多因素公共作用的结果，也体现出了村民内在价值观念的嬗变。

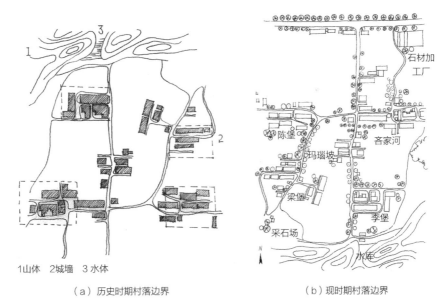

1山体　2城墙　3水体

（a）历史时期村落边界　　　　　　　（b）现时期村落边界

图5.12 梁堡村边界的变化

5.3.4 形态的价值模式

1. 信仰缺失下的"趋利"思想

经济的快速发展，推动了村民个体经济能力的普遍增强，农民生活水平普遍有了较大提升，农民原有的信仰、价值观念也经受了巨大冲击，精神荒漠化问题日益突出。由于国家体制、经济体制、社会风气等众多原因，农民普遍感到茫然、焦虑、失望，无所适从。在市场经济下的现代社会，价值和利益成为大多数村民行为的根本立足点和出发点，他们有了发家致富和发展自我的内在要求，"趋利"正在成为村民行为的基本准则。

1）掠夺自然

中国传统自然观强调有机论，视自然界为普遍联系、不断运动的整体，强调人与自然的和谐共处。现如今，在"趋利"思想的引导下，人们将自己凌驾于自然之上，独立于环境之外，对自然资源采取急功近利的索取态度，积累财富成为一切活动的准则。在自然资源丰富的地区，各类资源加工企业遍地开花，如韩城地区的采煤、洗煤企业，华县的采石企业等。由于这些企业往往规模小、技术落后，对环境污染十分严重，大大超出了环境容量的承载力，企业附近村落宜人、清新的生活环境丧失殆尽。

2）"有机"形态的丧失

传统村落是一个形态完整、有机和谐的整体。村落与周围自然环境相互融洽、和谐共生。人们通过选择、评价自然环境进行村落选址；利用地方的自然材料营建房屋；民居随村巷空间的走势而安排，却又因各家自身的情况而有所变化，空间感丰富、细腻。而现在由于"趋利"思想的作用，民居不再集聚发展，村民纷纷将房屋搬迁至邻近工厂、道路的地点，尤其是各类过境公路两侧，开设各类饮食和休息场所，村落形态被肢解，村落内部也追求土地利用的最大化。水井、祠堂等节点空间纷纷消失，村落因此而显得冷漠、刻板，不再是富有生命力的有机体。

2. 文化匮乏下的"趋同"思想

传统农村是可以与城镇相抗衡的价值同构的独立生产、生活场所，是适宜生存的理想家园，是传统文化沿袭、传播的重要场所。现在由于我国农村独特的发展经历，农村成为经济落后、文化匮乏的代名词。由于国家体制、制度的变迁，村落中原有的地方精英、乡绅领袖所产生的土壤消失。新文化代表者大学生毕业后很少留在家乡，村落中可以传承文化之人日趋减少，并直接导致了许多优秀民间文化传统濒临灭绝。比如，笔者在调研中许多村民都反映过年会写春联且写得好的人越来越少，通晓古今、明辨是非的长者早已凤毛麟角。村落中的"新晋精英"是各类乡镇企业的致富带头人和精明能干的村主任、村支书等行政领导。这些村落精英在文化底蕴与价值修养上与传统村落的地方精英不可同日而语。种种原因导致了农村原有的文化土壤被破坏，村落成为文化匮乏的区域。文化匮乏对村落形态的发展带来诸多负面影响。由于缺乏强大的文化支持，村落面对输入性形态缺乏应有的选择和回应能力，往往表现出无所适从或全盘接受。关中传统民居在选址、建造工艺、细部装饰等诸多方面都有较高的造诣，积累了许多优秀经验。而新建民居由于缺乏对传统经验的审美与欣赏能力，往往丢弃了这些宝贵的经验，而转向去追求所谓的"洋风"，但对于"洋风"又缺乏必要的理解与认知，因而显得肤浅和杂糅，缺少了传统民居中厚重的文化传统。

3．技术强势下的"趋理"思想

1）对技术的崇拜

科学技术的快速发展，提高了人们改造自然、利用自然的能力与手段，但技术是一把双刃剑，在方便人们生活的同时也带来诸多负面效应，如对村落中河流和道路的改造。许多村落都分布于自然水系的周围，村落内部或村落周边都有河流经过。在传统村落生活中，人们从河流中汲水、灌溉，儿童在河中嬉戏、玩耍，青山苍郁、绿水环绕是许多人心目中最美好的回忆。而现今由于水资源遭到严重破坏，许多河流尤其是小溪流已消失殆尽。并为了保障河流的安全，流经村落的河道往往被取直，河床被人工加固，虽然提高了防御泛滥的能力，但同时失去了自然河流所特有的亲切性和独特性。同时，被改造的还有村中的道路，2008年陕西省政府发布《陕西省县域城镇化发展纲要》，提出：2008～2012年，省级财政每年安排2000万元，连续5年时间，基本解决关中五市一区村庄主要道路硬化问题。道路硬化不再是村庄自己的个人行为，而成为全省统一的目标。历史村落中的道路往往选择当地盛产的材料，如石板、乱石、青砖等，条件有限的则为土路。现在村中道路则在进行大规模的"硬化"工程，由沥青、水泥等道路材料取代传统材料。道路也经准确测量而变得笔直和精确。道路的硬化方便了出行、减少了扬尘、方便了排水顺利，且干净整洁，提高了村落的环境质量，是评价农村环境改善的指标之一。但其缺点也显而易见，传统村落的街巷空间随山就势，因地制宜、变化丰富。如党家村中的道路，呈不规则状分布，由东西向的大巷、六行巷和南北向的支巷构成，大巷宽度3米有余，次巷道宽约1.5～2米。街巷虽窄但路面由青石铺砌，行走其上幽深而古朴，多了一份亲切和自然，而经硬化的道路笔直、单调、毫无生气。

2)"场所"空间的丧失

场所是由自然环境和人造环境相结合的有意义的整体,是具有清晰特性的空间,由具体现象组成的生活世界,不仅具有实体空间的形式,而且还有精神上的意义。传统村落中这种拥有场所性质的空间分布广泛,溪流边、大树下、井台旁都可以成为村民交往、留恋的场所。而现在的村落规格往往被简化为技术指标的叠加,道路硬化、广场面积、楼房比例等,村落规划千篇一律,缺乏了"场所精神"的存在。

5.4 本章小结

本章主要分析了现时期关中村落形态的新变化,论述了影响因素和本体构成的发展。并指出:现实期自然因素对村落形态的影响日趋式微,经济方面,非农产业的迅速发展与普及成为影响和改变村落形态最直接、最本质的原因,城镇化发展改变了原有的城乡结构,村落对城镇的依赖性日趋加强;私性文化的繁荣导致了村落空间形态趋于匀质化;国家权力的下沉,加强了制度因素对乡村事务的管理和控制权。

通过具体、客观的数据论述了村落规模与分布,总结了村落形式特征:它组织的空间形态、形态破碎、尺度失真、景观趋同等四大特点;分析了微观层面村落形态构成要素的发展。发掘出形态所蕴含的价值模式,信仰缺失下的"趋利"思想、文化匮乏下的"趋同"思想、技术强势下的"趋理"思想三大内容。通过这两方面的研究,为现时期关中村落形态发展分类及模式提供了依据和基础。

6 — 现时期关中村落形态的类型划分

6.1 现时期村落形态的划分依据

传统村落是为适应农耕生产生活而发展和定型的，静态性和自组织性是其本质特征。静态性特征的产生是因为农耕条件下村落形态影响因素、组成要素等的静态性。农耕条件下村落形态的影响因素主要有自然环境与地域文化条件等。一个地区的自然环境在相当长时段内保持着相对稳定性，地域文化在漫长的传统中也是逐渐演变的。因此，村落形态及构成要素也相对稳定，呈现出静态发展的特征。传统村落是典型的自组织体系，系统内各要素按照内在规则，各尽其责而又协调地形成有序的结构体系。与历史时期村落形态静态性和自组织性特征相适应，传统村落研究也以静态的横断面剖析为主，将村落形态的研究固化在平面的图示解析上，以形态本体的形式特征划分为集村、散村、团状、线状、梭状、窑洞型等类型，这种划分方法顺应了传统村落静态性和自组织性的特征，可以较直观地反映出村落规模、成因、所在自然条件等众多内涵。

而现如今，农村社会、经济急剧变革，社会生活各方面的嬗变都尤为激烈。乡村生活以及承载乡村生活的村落形态发生了翻天覆地的变化，村落不再仅仅适合农业生产、适宜农民居住的场所，而被赋予了更多的角色和内涵，成为社会生产、政治制度、城乡发展等诸多因素中不可或缺的一环，主动融入或被动卷入了我国现时期剧烈的社会变革中。相应的村落形态也表现为由典型的自组织体系而成为接受外来指令的它组织系统。这些来自村落外部的指令对村落形态的影响作用日趋凸显，超越了自然因素、文化因素成为促进村落形态发展的更为有力的现实推动力。其影响更加深刻而迅速，在较短时间内影响甚至改变了长期以来沉积下来的村落形态和结构。而传统的以静态图示为主要手段的研究与划分方法无力描述与解释村落形态正在发生的改变。因此，本书试图从当代村落的特征入手，分析村落形态所面临的现实问题与矛盾，架构新的分类研究体系，针对村落形态变化的外部动因如新的产业业态、城镇化的影响、工程迁移等，划分村落形态，并在此划分方法下通过对各类型典型实例的研究，分析其特征、优缺点，提出适宜各类型村落形态的发展模式。以期为研究现时期农村形态发展提供新的视角，为关中地区乡村形态有序健康发展提供可资借鉴的理论模式和实践方向。

现时期关中农村村落形态发展的现实推动力主要有以下几点：首先是农村产业结构的调整和深化，打破了农业在农村产业中的权威性和垄断性，非农产业在提高农民收入改善农民生活中的作用日趋凸显，甚至超过农业成为农村经济的新支柱。相应的，首先村落形态也由适合农业生产而转变为适应与迎合新的产业结构类型。首先，这种转变对村落形态的影响是深刻而显著的，产业结构发生重大变化的村落其形态改变也往往最明显。其次，快速的城镇化促使村落在各方面与外界的交往与联系日趋增多，尤其是与其所在的各级城镇联系紧密，对城镇的依赖性日益增加。伴随着农村城镇化发展，一部分村落逐渐转化为集镇、市镇、中心镇，或被城镇的扩张逐渐包围蚕食直至消失。这些村落在功能、角色上的转变最终导致了村落形态的巨变。再次，出于工程建设、安全或是迁村并点的需要，一些村落被迁移撤并至新址，村落形态整体重建。最后，社会形态、生活方式的转变也是村落形态发生变化的重要推动力。村民对于居住、交通、交往等需求的变化也逐渐映射在村落形态中，但相对于产业结构调整、城镇化和迁移撤并所带来显性转变而言，这种转变隐性而渐进。此外，在一些传统文化较强的村落，文化在村落形态发展中也起到了一定的作用。

6.2 现时期村落形态的分类

6.2.1 产业主导型

发展经济是现时期各村落生活的中心和重心，在众多村落形态影响因素中，产业因素的影响最显著，改变速度快、程度深、影响面广。但不同的经济、产业类型对村落形态的影响在程度、变化速度与改变方式上差别较大，分别论述如下。

1. 乡镇企业主导型村落

1）乡镇企业对村落的影响

改革开放后，我国经济出现了工业向农村分散与扩展的现象，农村地区工业迅速增长。但与美国、英国等发达国家自上而下的国家农村工业化模式不同，我国农村工业化形成与发展采取的主要是自下而上的农村和农民自行举办工业的"土生土长"方式，对村落形态造成重大影响的正是这种数以百计的乡镇企业。虽然也有少量国有大型企业落户农村，但数量与影响却远不及乡镇企业。乡镇企业通过发展各种副业专业户的办法，盘活了农村经济，有效缓解了农村剩余劳动力出路的问题，且大幅提高了农民收入，工资性收入成为过去几年农民增收的一个重要来源。以2005年为例，陕西全省乡镇企业从业人员已达418.21万人，占全省农村劳动力的30%。在乡镇企业营业收入过1亿元的乡村，农村劳动力在当地就业率普遍在30%~80%。2005年全省乡镇企业共支付劳动者报酬210.12亿元，平均可使全省农民人均增收752元，占农民人均纯收入的37%。乡镇企业成为县域经济的重要支撑和县财政的刚性收入来源。[①]

乡镇企业对村落的影响不仅表现在经济层面上，对村落社会结构也有较大改变。第一，由于企业的介入，传统农民开始逐渐分化，收入差别迅速拉大，身份认同趋于多样化，高度同质的传统村落缓慢瓦解，农民与村落都面临着更加多样化的选择。第二，村民的人际交往发生改变。传统村落中村民依靠血缘亲疏关系结合在一起，而企业的存在促使以职业分工为核心的业缘关系正在逐步取代传统的血缘关系，成为影响村民人际交往与行为方式的主要社会关系，整合并重构着人们原有的身份与地位。第三，农民的职业身份弱化。由于其他产业的兴盛，农民正逐渐摆脱对土地和农业经营的依赖，逐步接受并向工人职业身份转变。

现时期乡镇企业的发展也面临着巨大的矛盾与问题：首先，产业层次较低，乡镇企业数量巨大、门类复杂、规模小且高度分散、设备简陋、技术薄弱，创新能力严重不足，这些都使产业型村落的发展缺乏后劲；其次，环境问题突出，人与自然发展协调性不够。由于乡镇企业数量多，布局混乱，技术装备差，资源和能源消耗大，缺乏有效的预防污染措施，使污染危害问题变得突出和难以防范。

2）乡镇企业主导型村落——东王村

东王村位于韩城市西庄镇北约2.5公里处，毗连杨村寨、南强村、井溢村、寺庄村。主要农产品有豆瓣菜、青椒、葡萄干等，村内资源有方铅石、铁钒土、铜。截至2008年底全村共192户，人口780人。据村中长者回忆，村落初建于明清时期，由南培村（现位于韩城市内）几户村民搬迁而来，原名鱼凹村。中华人民共和国成立前村中每年过节还会去南培村祭拜祖坟，现在已多年未去。明清时期东王村是一个传统的农业型村落，至中华人民共和国成立时村中仅有40余户村民200余人，村落呈团状，四周建有城墙。村东南有清代建造的文昌塔和菩萨庙，抗战时期由于需用木材而将庙拆除，文昌塔为风水塔保存至今。韩城人信风水，按照"天倾西北，地陷东南"的意象，各村寨都在村子东南方建造风水塔，以祈文运昌盛，保佑全村人平安。村中宅院承袭韩城地区重视修建宅院的传统，设计精良、施工考究。村中尚保留有多处明清时期宅院，为典型的关中窄院式四合院，布局紧凑、院墙高大、院中门楣、影壁等处多有精美的砖雕、木雕。（图6.1、图6.2）

1995年村中引进了东王洗煤厂，厂址建于村东，规模逐年增加，村西是堆放原煤的堆煤场。村南还有一处集体所有的洗煤厂，现在已经倒闭，处于停产状

---

① 陕西省乡镇企业强势发展成为县域经济和非公有经济的支柱 [EB]. 陕西省人民政府网.

图6.1 东王村街巷空间

（a）东王村民居

（b）民居砖雕

（c）民居木雕

图6.2 东王村民居

态。东王洗煤厂属于个体经营，每年向村中上交18万元，村中的合作医疗、有线电视等费用也由洗煤厂承担。虽然不属于村中的集体经济，但洗煤厂已成为整个村子经济收入的依托和主要来源。2009年村里组建了拥有60余辆车队的运输队，专门为洗煤厂运输原料和成品，并且成立了卸煤服务队。在洗煤厂从事卸煤的村民有120多人，村中妇女也轮班在厂中洗煤，由于在洗煤厂做工收入可观，村中妇女都要求上厂洗煤，故村里像福利一样每家分配名额，分组上班，平均每人每天工作3小时，月收入可达几百元。现在村里直接在厂里工作的村民就有200余人，做到了家家都有工人在厂中做工，除去老人和孩子，村中的青壮年几乎都为厂里服务。

  洗煤厂的存在虽然提高了村民收入，但也污染了村落的生态环境，空气、水、噪声等污染都极为严重。尤其是空气污染，村中整日煤灰飞扬，村民像生活于矿区之中。为此，村民王廷民曾将洗煤厂告上法庭。1993年王廷民在距洗煤厂西南仅100多米处承包了5亩耕地，洗煤厂堆放的干原煤高达20多米，而围墙仅高

2.4米,每当煤车倒煤,铲车平煤时,煤粉四处漂浮。且东王村一年四季多刮北风,因此王家的果园经常浸于煤粉尘中,导致果树大幅减产,成熟的苹果也被粉尘污染得像煤球,果商拒绝收购。除了王廷民,村里其他人也相继找洗煤厂要求解决污染赔偿问题(图6.3)。另外,噪声污染也不容忽视,工厂有3台50型装载机,2台洗煤机,200多辆拉煤车。每天产生的装载机声、洗煤机声、复选机间断的排气声,还有机器的尘磨声,可传达数里,严重地干扰了附近居民的生活。(图6.4)

洗煤厂的存在极大地改变了东王村村落形态,主要表现在:

第一,洗煤厂既是村民经济的依托,也是村落形态发展新的"生长极",像磁铁一样吸引、拉伸着村落形态。越靠近工厂,越有利于利用工厂资源,因此很

图6.3 东王村恶劣的环境

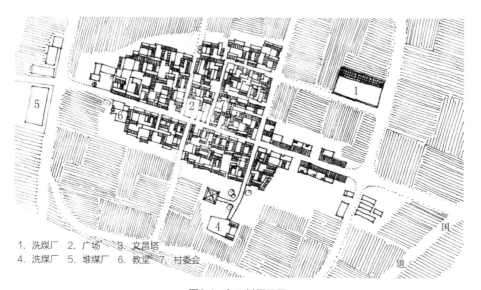

1. 洗煤厂 2. 广场 3. 文昌塔
4. 洗煤厂 5. 堆煤厂 6. 教堂 7. 村委会

图6.4 东王村平面图

多新建民居虽然沿村落主干道建设,却选择远离村落主体而趋近工厂的地方。另外,与工厂有经济来往的外村人也会购买村中土地自建住宅。原来完整的团状村落出现了逐渐向洗煤厂延展的趋势,老村与工厂之间生长出一条新的线性组团,拉散了原来趋于团状的村落整体形态,内向型的村落遇到了强烈的外力吸引,若任由其发展,村落终将沦为工厂的附属(图6.5)。新建的民居组团也由单纯的居住功能转化为商住一体的形式,底层临路空间为商业门面,二层居住。

第二,厂区的出现也有其积极的一面,由于大量青壮年在厂中打工,村民外出打工现象较少,村中人口结构和社会结构稳定,村民离土不离乡。村内房屋的空置率较低,房屋空费化现象不明显,没有出现"空心村"现象。

第三,洗煤厂、堆煤场尺度巨大,改变了村落原有的尺度和肌理,丧失了传统村落亲切宜人的尺度感。进村道路的两侧排满等待装煤的运输车,道路的宽度也为了方便工业运输而宽达20多米。

东王村未来形态的发展应在保持村落宜居环境的前提下,将干扰村落形态发展的洗煤厂等村落形态生长的新"核"逐步搬迁至合理的区域内。将其迁出村落的居住半径,使其不影响村民的正常生活,同时又将其吸引在村落的产业半径之内,有利于村落与企业之间资源的合理共用,增加村民收入。(图6.6)

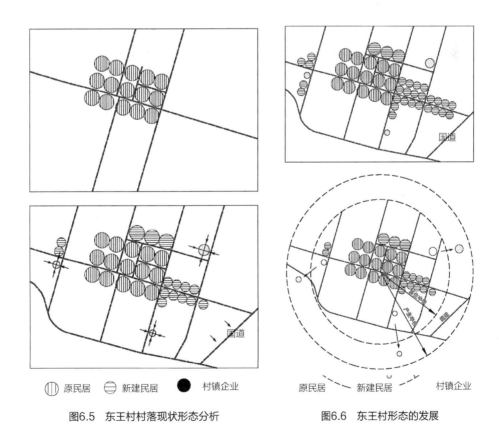

图6.5 东王村村落现状形态分析　　图6.6 东王村形态的发展

2. 家庭产业主导型

1）家庭产业对村落的影响

与乡镇企业依托于某种资源或生产方式而进行的较为集中的产业生产不同，关中农村中还存在着大量以家庭为主要生产单位的家庭产业，家庭产业是以家庭为生产单位，工农结合的一种民营经济形式。现时期关中家庭产业主要有养殖业、手工业、设施农业、农家乐旅游等类型。

近些年来，由于人均耕地面积减少加之机械化的普及，农民用于耕种土地的时间越来越少。据统计关中农民每年夏季收割小麦、种植玉米、给玉米施肥、灌溉、喷农药、田间管理的时间总计不超过1个月，每年秋季收获、管理的时间总计也不超过1个月。如果再考虑到现有农用机械特别是收割机的普及，种植收获基本采用农业机械的农业技术条件，在每年只种植小麦玉米两茬大田作物一年两熟农作制度下，关中农村劳动力一年之中用于农业生产的时间不会超过2个月，富余的农闲时间使农民有条件从事其他产业。

家庭产业常常依托村落整体为单位从事某种主导产业，但具体的生产则在各家庭内部进行。家庭产业多为劳动密集型产业，加工所需投入资金少，占地面积小，生产时间自由而十分适合广大农村家庭，是解决农村资本积累和劳动力问题的有效途径。"离土不离乡"大力发展乡镇企业，发展各种副业专业户的办法，基本上解决了农村剩余劳动力出路问题。[1]著名学者舒马赫（E·F·Schumacher）在其著作《小的是美好的》一书中也指出：就业是人类的最基本需要，解决就业问题是所有发展中国家农村问题的主要任务，只有通过发展适宜技术，优先选择劳动密集型工业，才能更好地发展农村经济。而不应像发达国家那样，以资本密集型、资源密集型的现代大型工业为发展方向。关中农村地区大力推行的"一村一品"工程中较多为这种家庭产业。"一村一品"指一个村子的居民，充分利用本地资源优势，因地制宜，发展农村经济的活动。强调村落要开发某种具有本地特色、打上本地烙印的产品，围绕主导产品的开发生产，形成特色突出的主导产业。

2）手工业主导型村落——梁堡村

梁堡村位于华县城东南20公里处的柳枝镇，地处秦岭北麓，310国道南测，属半山区地带，村落沿山坡分布。梁堡村由梁堡、李堡、蔺家河、玛瑙坡、陈堡5个自然村组成，辖7个村民小组，228户农家，998人，耕地面积1280亩，主要种植小麦、玉米、黄花菜、棉花等经济作物（图6.7）。梁堡村为杂姓村，村民多由

---

[1] 中华人民共和国国务院新闻办公室.《中国的人权状况》. 北京，1991.

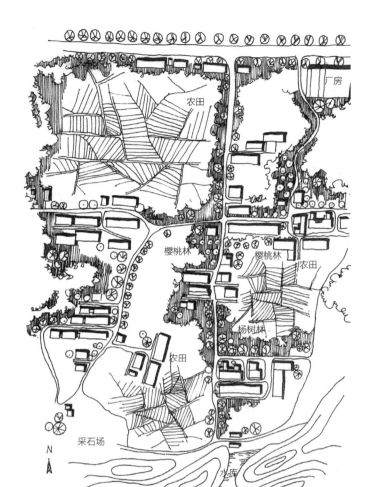

图6.7 梁堡村平面图

外地迁入,由于地处半山区,土地贫瘠,加上灌溉不便,农民从土地上获得的收益十分有限,生活较清贫。1998年该村还属于华县经济落后村,全村人均收入不足800元,正是家庭手工业——皮影雕刻的发展让梁堡村彻底摆脱了贫困。华县皮影距今已有2000多年历史,是中国古老民间艺术之集大成者,起源于汉代,兴盛于唐宋,发展于明清。在灯光的照射下,以兽皮刻制的人物,隔亮布演戏而得名,是我国民间工艺美术与戏曲的巧妙结合,有"电影之父"的美称。皮影不仅仅可以用来表演,而且其本身由于线条流畅、造型优美、刻工细腻、人物个性特征明显,充分体现了中国文化的博大精深和传统民间艺术的古朴淳厚,具有极高的观赏和收藏价值。村民汪天喜15岁开始学习皮影雕刻,技艺精湛,从20世纪80年代开始,其作品已走出国门,远销国外市场。皮影雕刻给汪天喜带来了丰厚的经济回报,汪天喜收入的增长使村民看到皮影雕刻产品的价值与广阔的皮影市场,纷纷向汪天喜拜师求艺,从1998开始,汪天喜将自己的技术无偿传授给村中愿意学习的村民，全村掀起了皮影雕刻热。现在，全村从事皮影雕刻的人数已达200多人，户数过半，村人均纯收入达到2000元，个别农户年收入接近10万元。在梁堡村影响下，华县皮影制作发展迅速，扩散到华县塬下八个乡镇30多个村庄，主要以家庭作坊式为主。全县现在从事皮影雕刻的有800多人，形成了以汪天喜等为领军的皮影雕刻产业，成为华县农村经济新的增长点。

华县皮影的制作非常复杂精细，以上等牛皮为原料，经过制皮、雕刻、上彩三大工艺和泡、刮、磨、洗、刻、染等二十四道工序，纯手工精作而成。雕刻的影人以侧面单目为主，鼻尖口小，造型小巧玲珑，高度约30厘米，体形夸张大胆，变形巧妙。随着皮影产业的壮大，传统的家庭作坊式皮影制作受到严峻挑战，在进货、销售等方面的弊端日益显现，分散的生产很难形成集聚规模和品牌效应，联户和个体创办的合作社应运而生，合作社采取"合作社+公司+农户"的运营模式，即从河北等地进货（牛皮等原料）→将原料分散到各家各户→各家对牛皮进行雕刻、染色等→回收汇总到合作社里（搜集零散生产出的产品）→集中装裱，运到县里甚至西安的公司，对外销售。合作社为社员提供皮影制作技术培训、销售、运输等与生产经营有关的技术信息，统一供应资料、提供市场信息、引进新技术，开展技术培训、交流和咨询服务等。目前，华县境内这种合作社性质的产业实体已达6家。合作社的出现克服了农户资金、信息分散在进货销售等方面的弊端，形成了皮影雕刻的产业链，促进了皮影产业的进一步发展。合作社在皮影产销方面形成了一定的产业化和规模化，但具体的皮影工艺制造过程还是在各农户家中由手工完成。因为皮影与其他工艺产品相同，机械化的产品品质与手工相差甚远，早些年也出现过一些机械化生产，如激光雕刻机，但由于产品质量较差，销路不行而逐渐绝迹。虽然皮影制作仍然采用手工生产，但其制作已出现了专业化的分工，脱离了个人负责从制皮到最后装订的全部工序的模式。在梁堡村，梁堡主要负责雕刻工序，陈堡主要负责染色工序，而制皮则有专人负责，汪天喜主要负责图样的设计创作（图6.8）。皮影的制作不影响村落正常的生产和生活，大多数人都在农闲时节做皮影，农忙时节依然从事农业耕作。

除了皮影雕刻，部分村民如薛洪亮还从事皮影雕刻工具的制作和销售。工具的刻刀是从市场上买来现成的刻刀和钢条，根据需要进行人工打磨和整形。而刀柄部分主要采用梁堡村山上生长的龙柏木。龙柏木具有结实、不易变形、手感好的特点，因此成为雕刻工具刀柄部分的优质材料，且民居形式与雕刻空间相互融合。（图6.9）

目前，皮影雕刻已成为除农业之外的第二产业，是村民收入的主要来源。2006年，梁堡村被省文化厅评为"全省文化产业示范基地"，2007年被定为"一

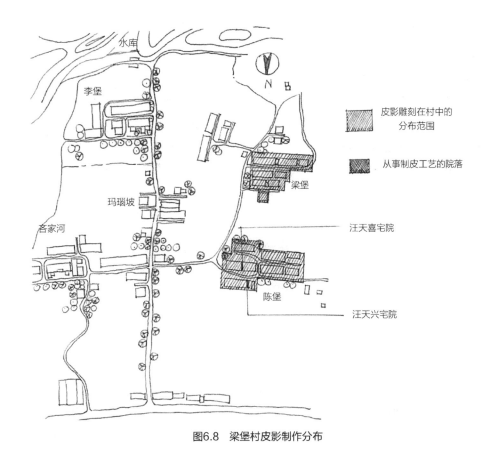

图6.8 梁堡村皮影制作分布

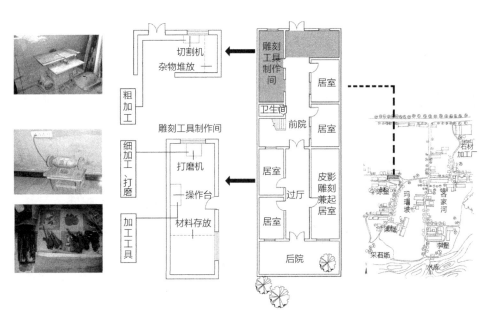

图6.9 薛洪亮民居工具雕刻空间分析

6 现时期关中村落形态的类型划分 119

村一品"示范村，2008年被华县确定为皮影雕刻示范基地。由于皮影产业的发达，目前梁堡村外出打工者很少，村内人口结构比较完整。皮影产业对梁堡村形态的影响主要有以下几个方面：

第一，皮影雕刻已成为梁堡村的第二产业，由于人均耕地日趋减少，而村民每年农忙时间少，闲暇时间多，皮影产业的发展正好利用了农闲时节。现在全村从事皮影雕刻的人数已达200多人，其中专业做皮影的人家已逾十几户，50多人。由于从事皮影生产，与外村相比，村中青壮年外出打工者人数甚少，村民不需要离开土地在自己家中就可以有较高收入，故梁堡村中房屋空置率很低，除个别农户离开村庄到外地生活外，村中房屋都有人居住，没有出现明显的"空心村"和土地荒废现象，土地利用率较高。（图6.10）

第二，皮影增加了村民的收入，近几年来许多村民都新建了房屋，改善了居住条件，村民生活比较安逸，村落环境整洁、舒适。

第三，皮影为传统手工业制作，除制皮工艺需在村中空地完成之外，其他工序均可在自家宅院中完成，传统的村落形态、住宅形态完全可以承载皮影雕刻设计、制作过程的发展，两者是相容、共生的。皮影产业对村落形态的发展无明显的干涉、影响作用，而且进一步促进了村落的发展，传统村落融生产、生活、生态为一体的特征得以保持和延续。（图6.11）

第四，梁堡村为杂姓村，由5个自然村合并形成。中华人民共和国成立前5个自然村各自为政，除陈堡外每个自然村均有自己的城墙，相互交流较少，为了某

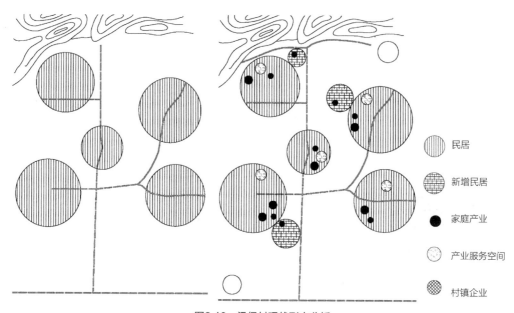

图6.10 梁堡村现状形态分析

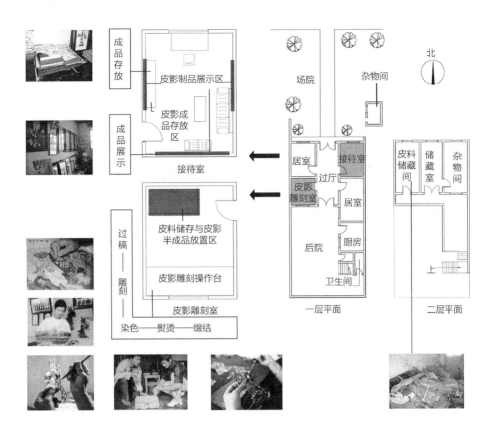

（a）汪天喜民居雕刻空间分析

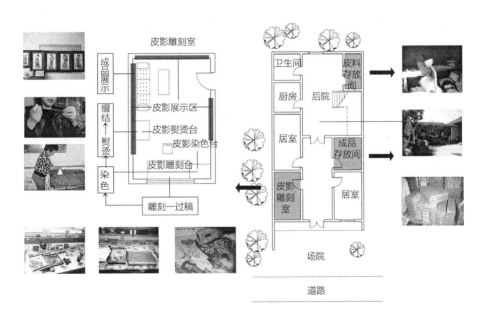

（b）汪天兴民居雕刻空间分析

图6.11 皮影雕刻与民居空间的融合

6 现时期关中村落形态的类型划分

些利益甚至出现打架、斗殴现象。而现在由于皮影雕刻采取工序分工生产，每户、每个人只从事某一特定工序，专门化的生产客观上要求各工序之间的配合，从而增加、促进了各自然村之间的交流。明清时期各自然村村落相互独立，而现时期村中新建民居多位于自然村之间，村落形态呈现出逐渐靠拢、聚集的趋势。（图6.12）

传统手工业多是在传统村落、宅院中逐渐形成和发展起来的，与村落环境共生共融。在今天的村落中，有意识地保存、引进手工业产业，能够在增加农民收入的同时，保持村落形态、经济有序、健康发展，传承手工艺的文化传统。

与皮影产业促进村落形态发展相对，村边的采石企业对村落发展带来了诸多不利影响。梁堡村周边共有大大小小轧石厂12家，这些轧石厂的存在不仅没有对村落经济的发展、吸纳村中劳动力、增加村民收入起到作用，反而给村落带来了严重的污染，村民也因此和厂家发生过多次冲突。最为严重的是2007年3月28日，村民与鑫丰石材有限公司的冲突，导致1人死亡，2人受伤的流血事件。

皮影雕刻产业的存在促进了村落经济的勃兴，提高了村民生活水平，改进了村落环境，应适度保持并扩大其产业在村中的分布规模。村落形态的发展则应在产业规模扩大的基础上，促进村落合理聚集，整合产业服务业空间，使其既可以促进产业的发展，又可以在形态上形成新的节点空间。同时，将不利于村落形态发展的一些产业搬离村落居住半径范围之外。（图6.13）

3）设施农业主导型村落——同兴村

陕西作为经济发展相对落后的内陆农业大省，在很大程度上还处于传统农业阶段，实现传统农业向现代农业的转变在今后相当长的时期内将成为陕西经济发展战略的重要内容。关键是选择正确的、与区域发展相适应的转移路径和模式，农业产

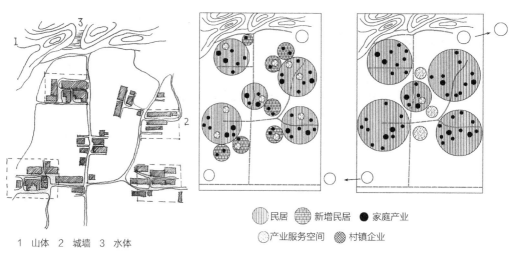

1 山体 2 城墙 3 水体

图6.12 村落形态的聚拢

民居　新增民居　●家庭产业
产业服务空间　村镇企业

图6.13 梁堡村形态的发展

业化正是有效的发展模式之一。农业产业化有利于解决西部农户分散经营出现的小生产与大市场的矛盾,实现农业生产的规模化、区域化、专业化,促进传统农业向现代农业转变,提高农业的综合生产能力,带动西部县域农业快速发展。[①]设施农业是农业现代化的代表,是综合利用先进的设施设备和先进的生产技术,人为地创造动植物生长发育所需要的最佳的环境条件,最大限度地提高土地产出率、资源利用率、劳动生产率和产品商品率,从而获得最佳的经济效益、生态效益和社会效益的一种生产方式。设施农业是增加农民收入的有效途径,据统计种植大棚瓜菜每亩纯收入7500~12000元,有的高达2万~3万元,而种植大田作物每亩纯收入仅为300~2000元,产出效益悬殊。

同兴村地处户县蒋村镇东南约1.5公里,环山旅游路北500米处,东临甘河,全村共153户,635人,耕地面积约1300亩。同兴村初建于明清时期,村民多由外地搬迁、逃荒而来,散居于甘河河滩附近,人数逐渐增加,逐渐形成村落。由于住户过于分散,且人数较少,没有形成聚集的团状村落,也没有修建保卫用的城墙。因为甘河经常泛滥,农田常被冲毁,村民生活十分穷困,外人称之为"穷家滩"。中华人民共和国成立后,散居于甘河附近的住户被统编于一村,改名"同家滩"(图6.14)。由于散居的村落既不利于管理,又浪费了土地,从1997年起,

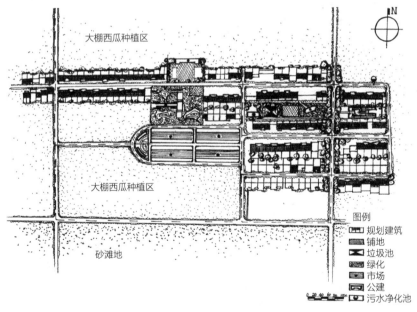

图6.14 同兴村平面图

---

① 陕政通报 第116期 [EB]. 陕西省人民政府网.

村中开始逐步将宅院统一规划搬迁至现在村落所在位置，历时5年完成搬迁。村落是统一规划、搬迁，所以形态较规整，宅基占地10米×33米，村路径直、十字相交，宽度统一为8米，2006年硬化为水泥路。村边还有一条户县政府统一修建的过境省道，宽度6米。为了发展经济，村集体于2001年开始引进设施农业，种植各类水果、蔬菜大棚，尤其是同兴西瓜的种植已超过1000多亩（图6.15）。设施农业的发展增加了村民的收入，富裕起来的村民相继新建住宅，除村主任家为3层外，其余均为2层砖混结构。由于宅基面积控制，住宅均为3开间，进深8米左右，临街外立面贴浅色瓷片，风格相近。（图6.16）

图6.15 同兴村大棚种植

图6.16 同兴村民居

设施农业虽然采用了新的大棚技术,但与传统农业相同,都是依赖土地为基本生产资料,以家庭为单位从事分散的劳作。村庄为日常生活的中心,土地围绕在村庄的外围。设施农业对同兴村村落形态的影响主要表现在:

第一,设施农业依然是分散的农业劳作,村落形态没有出现新的外力刺激,形态较完整,呈内向型发展,无明显的离散趋势。

第二,设施农业是无污染的新型农业技术,农药、化肥使用较少,且接近秦岭山脉,村中空气清新、土壤肥沃,生态环境十分宜人。延续了传统村落的生态优势特征,成为令人向往的生活空间。(图6.17)

第三,传统农业村落,由于经济收入较低,青壮年在农闲时间多外出打工,有的甚至常年在外,村中房屋空置率较高,而形成空心村、空巢村。而设施农业经济改变了传统农业季节性强,农闲时间长的劳作方式,各个季节都有不同作物收获。村中几乎无人外出打工,而且需要雇外来劳动力,房屋无空置现象。新型农业的发展也促使村民认识到土地的经济价值和重要性,肆意侵占土地,弃旧房、建新房等现象很少。

4)旅游业主导型村落——上王村

旅游业作为一种新兴产业,近些年在关中农村地区有较大发展,尤其是农家乐旅游更是蔚然成风。农家乐旅游多围绕在人口规模较大的城市或重要景区周

图6.17 同兴村村落环境

围,也有的依托某项当地特色民俗,以满足城镇居民体验乡村生活为目的的一种短期旅游行为。最初往往以家庭为服务单位,逐渐发展出以村为单位的专业农家乐旅游村。我国农家乐的发展起步于20世纪80年代,当时随着人民生活水平的逐步提高,客观上需要丰富自己的闲暇业余生活,旅游之风蔚然兴起。一些接近风景旅游区,且自然环境、交通条件良好的村民开始依托景区通过向游客提供简单食宿等相关服务逐步发展出农家乐经济,此后我国农家乐经济迅速蓬勃发展起来。

关中地区城市群密集,客源充足,且自然条件良好,农家乐旅游发展迅速,尤其是秦岭北麓环山公路开通之后,环山一线的农家乐更是发展蓬勃,已形成颇具规模优势的带状农家乐群。各级政府也十分重视农家乐旅游的发展,不仅出台了大量政策支持其发展,还从制度上加以规范。如上王村在开办农家乐之初,当地政府就积极协调金融部门解决其初期资金问题,给每户从事农家乐经营的农户提供2万元贷款。为了规范发展,西安市旅游局2011年3月出台了我国首个农家乐旅游规范,体系共14项标准,涉及交通环境、公共设施、住宅、餐饮条件、安全卫生、原料采购、服务过程、纠纷处理等。政策的支持与规范进一步促进了关中农家乐的发展,在关中众多农家乐旅游村中,上王村的发展十分典型,起步早,发展迅速,从业人数多。

上王村背靠秦岭北麓,东临西安秦岭野生动物园,北临107环山公路,距西安市区仅28公里,自然环境、交通环境非常优越,十分适合发展农家乐旅游。从2003年开始,上王村开始依托西安市区的强大客源与周围良好的自然环境和便利的交通,大力发展农家乐旅游,短短两年时间就从只有个别农户从事农家乐而发展成为西安周边地区著名的农家乐旅游村,全村现有农户约150户,从事农家乐的就有110户左右,其他的农户即使不直接参与农家乐经营,但也多依托农家乐产业,为其提供服务。农家乐家庭产业的发展,促进了村中的就业并提高了村民的收入。据调研走访,村中农家乐产业户年净利润少则3万～5万元,多则10多万元,少数从事较早且经营较好的农户收入则更可观。充足的就业机会与较高的收入保障了村民的生活,村中生活设施健全,村民对于现在的生活普遍较满意。2011年被评为首届8个西安市农家乐旅游明星村之一。

上王村村落形态为不规整的团状结构,村落核心居住区位于107公路以南,耕地则在公路以北。村中道路由南北向主干道、次干道和数条东西向街道构成网状结构,主干道与北部107环山公路直接相连,道路结构清晰、顺畅,交通发达。村中民居沿街道两侧分布,入口直接面向街道,方便招揽顾客。村落边界清晰,形态紧凑,聚居向心的整体特征明显,有利于农家乐规模优势和产业效应的形成。(图6.18)

上王村产业结构已由传统的农业生产转变为以旅游业为主的家庭产业,村落形态也由过去居住兼顾生产转变为方便接纳更多的游客，主要表现为以下几点：

第一，农家乐是家庭产业，农户在各家庭院中经营生产，吃农家饭、住农家屋都在农户家中完成，村落整体格局没有较大改变而得以延续。团状的聚集形态、顺畅的道路格局、民居的规模、位置得以保留。沿袭的村落形态增加了村民的亲切感和安全感。农家乐旅游属于劳动密集型服务产业，所需劳动力较多，产业的发展增加了村民的就业机会，村民无须外出打工，村落中的家族结构得以延续。但是传统的内向型格局被打破，为了追求统一整齐的服务环境，以自然为基础的有机生长的内聚形态被程式化、呆板的形态所代替。

第二，形态组成要素有不同程度的改变。村落由原来的农耕经济转变为家庭旅游业，农业不再是经济的主体，民居不再是为村民自身生产生活服务，而是转变为满足游客的需求，原来服务于农业生产的农作物晾晒、家禽养殖等功能空间几乎消失，而提供住宿和农家饭的客房空间成为空间的主体，住宅单体设计重视厨房空间，突出其对外服务功能。（图6.19）

第三，形态要素呈现明显的商业化趋向，村落布局重心向交通线聚集，村落形态以顺应农家乐服务为目的，从有机生长的内向型格局向外向型格局转变。在上王村中，由于各户所经营内容差别不明显，所以有利的地理位置成为竞争力的保障。为了适应旅游业的发展，村中道路整体改造，道路尺度扩宽，方便承载更多的游客，主干道两侧还增加了人行道，道路形态由村落型街巷空间向城镇道路形态发展。尺度的增加方便了游客出行及购物需求，但游客稀少时，道路尺度感较空旷，缺乏居住型聚落应有的亲切围合感。（图6.20）

旅游业是一种环保、无污染的新型产业，既能够增加村民收入，又不会影响和污染生态环境，是适合农村发展的产业。在经营农家乐时既需要考虑游客的需求，又要保障原住村民的居住舒适性。

图6.18　上王村鸟瞰

图6.19　上王村民居

（a）上王村道路　　　　　　　　　　（b）上王村入口

图6.20　商业化的上王村形态

6.2.2　城镇带动型

1．城镇化对村落的影响

城镇化是由传统的农业社会向现代工业和信息社会演进的过程，体现了社会生产方式和生活方式的转化。其根本目的，不在于建设多少城镇，而是为了逐步转移和妥善安置农村剩余劳动力和农村人口，满足城乡人民享受城市文明和现代物质、精神生活的需求，"保证人民共享发展成果"。关中地区是陕西省城镇化战略的重点区域，陕西省制订了"关中率先发展"战略，即重点发展以西安市为中心的关中城市群，继而建设关中地区布局合理的城镇群。加快其基础设施建设步伐，进一步提升城镇功能，使之成为具有产业带动力的工业、交通、商贸重镇及旅游文化名镇。[①]

城镇化对农村的影响主要表现在以下几个方面：第一，农村人口大规模向城镇迁移和集中。土地资源的有限性、农业收入较低的现实以及舒适便捷的城镇生活是吸引农村人口向城镇迁移的主要原因。但是向城镇转移的人口多为生产能力较强的青壮年，这些青壮年劳力的缺失直接导致了农村老龄化和留守儿童现象的加剧和村落空间的荒废化。第二，城市用地范围的扩张。城镇化的发展不仅是城镇本身的扩张和延展，对其周围的村落也会出现直接而显著的侵蚀作用。在这个进程中会有相当一部分的农村聚落转变为城镇。第三，农村的劳动力、资本、土地等要素向城镇流动，造成了农村产业结构和就业结构的转化；同时城镇的生产力、文化、技术等要素向农村扩散、辐射和渗透，促使农民生活方式、思维方式和行为方式城镇化。

[①] 陕西省人民政府办公厅关于加快关中地区小城镇建设的意见. 陕政办发〔2008〕77号〔EB〕. 陕西省人民政府网.

城镇化是时代发展的趋势和必然，根据村落所依附发展的"城"的规模不同，以及村落自身形态改变程度及速度的不同，本书将其分为城中村和城镇中心村。在一些城市中心地带的城中村，由于城镇扩张而导致村落完全被纳入城镇之中，村落消失，村中原有村民会就地或异地安置于新建的城市社区内，村落逐步转变为城镇社区，如西安市区内的祭台村、后村。在一些城市边缘区，村落仍然存在，但耕地已被快速发展的城镇用地占用，只剩下村落居住用地，村中的农业经济也随之消失，村民将自用住宅翻盖成5~6层楼房出租维持生计。随着城市的扩张，这些城市边缘区的村落最终也将被纳入城市版图而趋于消亡。城中村的改造与消亡是伴随着城市扩张而发生的不可逆转的趋势，城中村村落形态的演变与广大农村村落自然演变有较大差异，故不作为本书的研究内容。

与城中村发展相类似的还有各乡镇中心村的发展，小城镇的发展往往依托经济较发达、人口较多或有交通、资源优势的某个乡村发展形成，如蒋村镇就是依托蒋村而逐步发展，本书将这样的村落划归为乡镇中心村，本书所指的城镇带动型村落特指乡镇中心村。在快速的城镇化进程中这类村庄的发展如果不加以引导，任其发展，必将会重蹈城中村发展的覆辙，直至消亡。本书以户县祖庵村为例探讨在城镇化过程中，乡镇中心村形态的发展去留，该"留"还是任其逐渐被蚕食，如果"留"该怎么"留"，等诸多问题。

2. 城镇带动型村落——祖庵村

祖庵村位于户县西部，距县城10公里，是祖庵镇镇政府所在地。祖庵历史悠久，据史料记载，这里曾是夏王启伐有扈氏"大战于甘"的地方。宋代时已形成大的村落。因刘蒋两姓居多，故名刘蒋村。其间，虽战乱频仍，但因有东西甘水交流之便利，农业、手工业发展迅速，逐渐形成集市贸易，故改名双溪镇。金正隆年间，咸阳人王重阳来此，筑穴建庵修道，创立全真教。后全真教得到金、元朝庭的认可与支持而大兴。王重阳被尊为祖师，其弟子马丹阳于此重建祖师之庵，四方称为祖庵，双溪镇亦因之改称祖庵镇，迄今已有800余年。镇分东南西北四街，清代至民国年间，为了防卫需求，四街各有城墙，且相互连接，呈十字花形状。自20世纪五六十年代以来，各街城墙先后拆毁。中华人民共和国成立后1957年，农业合作化期间，古镇四街与黄堡等三个邻村组建了祖兴社。公社化后，四街分为四个大队，1977年在"农业学大寨"运动中又合为一个行政村——祖庵村。由于缺乏有力的凝聚力和有效的管理，祖庵四村人心较散，历史上四村之间的争斗时有发生，加之人口增加，2000年祖庵村分裂为祖东、祖西、祖南、祖北四个村。城镇化对祖庵村村落形态的影响主要有以下几个方面（图6.21）：

第一，祖庵村的生活与生产和祖庵镇的发展已相互融合，由于镇区的发展征

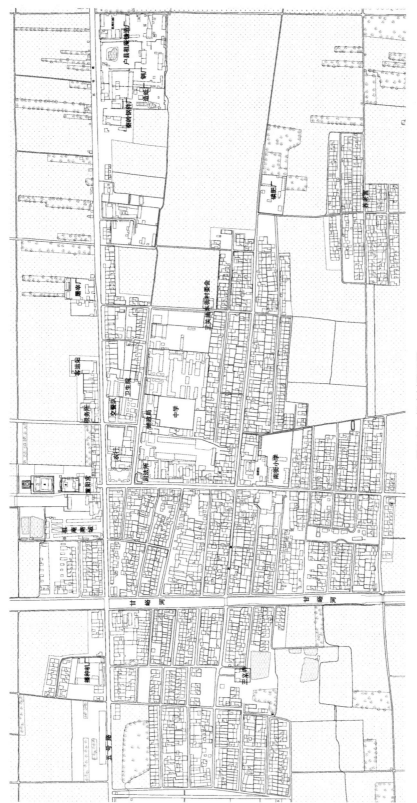

图6.21 祖庵村平面图

用了大量良田，村中人均耕地面积不足，村中许多人在镇上经商，传统农业经济正面临解体。村落不再是内向型、自发性生长。镇区所在秦户路、重阳路深入村落内部，成为带动村落形态发展的"线型生长极"，村落出现向镇区聚集的趋势，大量新建宅院依附秦户路、重阳路修建，造成原有村落房屋的大量空置，一些年久失修的宅院坍塌后，也无人修缮而任其荒废，土地资源浪费严重。（图6.22）

第二，由于邻近镇区，村民日常生活如购物、休闲等活动均可在镇区内完成，故村落公共空间不发达，服务性节点空间少，街巷中的日常交往也较稀少，尤其是青年多去镇上玩耍，村落功能不完整。

第三，南北向重阳路直接深入祖庵村内部，将祖庵村分割成东西两部分，重阳路红线宽度20米，两侧为两层高的临街商业建筑，路上各种车辆来往频繁。大尺度的街道方便了商业与交通的需求，却阻碍、割裂了道路两侧原住民的生活和交往。2000年祖庵村分裂成4个行政村，原有村落形态彻底肢解。东西向的秦户路由于紧贴于祖庵村北侧，没有直接深入村落内部，故对村落形态的发展影响较小。（图6.23）

祖庵村形态的发展，首先应将镇子的扩张控制在合理范围之内，使村落其与镇子"贴"式并行发展，减少镇子对村落形态的直接肢解和干涉；其次整合村落与镇子的公共空间，选址在合适地点促进村落与镇子共享共赢，适度减少村落公共空间，集约化使用土地。（图6.24）

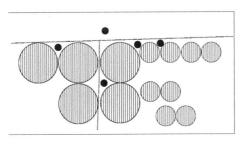

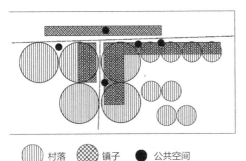

图6.22 祖庵村现状形态分析

图6.23 重阳路

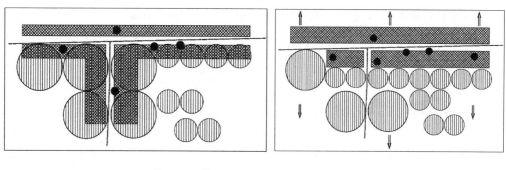

图6.24 祖庵村形态的发展

6.2.3 传统延续型

传统延续型村落顾名思义指的是村落形态中传统特征保留较多的村落类型。其产生原因不尽相同，有的是因为村落中强大的文化因素束缚并制约了村落形态的发展，有的是因为村落延续了传统的以农业生产为主的经济结构，相应的村落社会结构、行为习惯也较多保留，村落形态因此得以沿袭。形态保留最为彻底的是以党家村为代表的各类历史文化名村，这类村落作为文化遗产，形态得以被"博物馆型"整体保留。除此之外，一些特殊的社会结构、文化现象、制度因素等也能成为村落形态延续的因素。本书分析了三种典型的延续型村落：文化延续型、经济延续型、形态延续型。

1. 文化延续型

1）文化在村落形态发展中的作用

地域文化是一个民族特有的财富，是该民族得以延续发展、保存自我认同的根基。关中农耕文化源远流长，村落营造中蕴含和积淀了深厚的文化传统，体现出因地制宜、"天人合一"的哲学思想。村落选址遵循风水文化，背山面水、负阴抱阳，其实质是对村落地质、水文、气候、景观等自然因素的评价和选择。院落空间体现礼制文化，长幼有序、男女有别；装饰物反映"趋吉"思想，松鹤延年、福禄寿喜。现时期在以发展生产、提高收入为要旨的农村，文化在村落形态进程中的控制力和约束力逐渐削弱，村落形态对文化的传承也多以文化产业的形式出现，如梁堡村的皮影产业，其深层内涵经济利益的驱动远胜过文化意义上的传承。在关中农村地区，真正以文化为主导因素控制、影响村落形态发展的案例"凤毛麟角"，户县蒋村则是其一。

2）文化延续型村落——蒋村

（1）蒋村基本情况

蒋村地处户县和周至县交界处，东距户县县城15公里，西临周至县城30公里，南至秦岭北麓山基线2公里。蒋村原隶属周至县管辖，但由于距周至县城较远，交通不便，1958年划归户县管辖。1961年在蒋村设公社，1984年5月改建为蒋村乡，1993年改制为蒋村镇，下辖42个行政村。蒋村地处户县平原地区，平均海拔500米，村东有甘河自南向北流过，村西有柳泉河，甘河年平均径流量2418立方米，水利条件良好，为蒋村提供了丰富的水资源。蒋村以传统农业为主，主要农作物有小麦、玉米、棉花，果木有苹果、猕猴桃等，品质好、质量高。村中其他产业有西微电机厂、蒋村面粉厂。（图6.25）

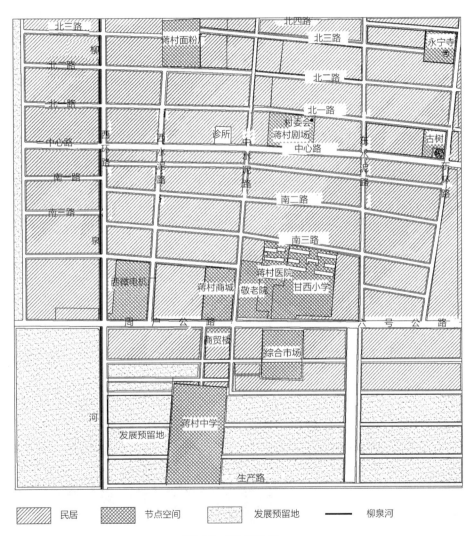

图6.25 蒋村平面图

蒋村历史十分悠久，相传黄帝与炎帝两军挥戈争霸，黄帝胜分封而治，并将此发祥圣地作为奖励，名为"奖村"。传说虽已不可考，但诸多记载表明最晚至西周初年，蒋村"建庐筑室，扩而成村"。

蒋村现有农户一千多户，人口4400多人，分18个村民小组。村庄占地面积900亩，村内有东西街道9条，南北街道5条，耕地5800多亩。明清时期是蒋村人口和形态发展的高峰期，至中华人民共和国成立时，村中已有人口约2000人。清末回民起义时村落被大火夷为平地，起义平息后，村民开始原地重建家园，并于1875年修建了防卫用的城墙。城墙为规则的长方形，东西方向略长，南北方向略短。城墙高约三丈，宽一丈五尺，夯土而成。城墙东、南、西、北正中各有一处城门，东侧城墙另有一处小门，城门形制为城楼型，门洞呈拱券状，拱门上部中央镶有匾额，分别题为"曦彩仙飞""瑞蔼长庚""瑞绕峰烟""高拱天枢"，字迹均出自名家之手，古朴苍劲。东西两侧城门为主要出入口，连接两侧城门的道路为村中主路，村中重要的公共建筑如温家祠堂、戏楼、马王庙均位于主路两侧，这种格局一直延续至今。村中原有的公共建筑主要有祠堂、庙宇、戏楼等，尤以祠堂居多。由于村落历时悠久，村中姓氏较多，大户有温、杨、王、巩、展5个家族，由以温姓居多，各大家族均有自己的祠堂，仅温家就建祠堂3座，其余各家各1座。村中还建有戏楼和几处庙宇，分别为东门外的永宁寺、村西北角的三义庙、主路北侧的马王庙和村西的魁星楼。其中的永宁寺和三义庙规模较大，占地均在10亩之上，庙内建筑林立，香火旺盛。随着时代的变迁，这些公共建筑多已经被拆除，只留下了永宁寺，并于1997年重新进行了修缮（图6.26）。2008年村民又自发在村西重建了魁星楼。原来的温家祠堂位置建造了现在的蒋村文化站（图6.27）。

中华人民共和国成立后至20世纪70年代末，民居建设量一直不大，村民均居住于城墙范围之内，墙外是农田，无人居住，即使城墙被拆除后，民居也多沿袭历史习俗而建在原有城墙范围之内。改革开放后，随着人口的增长以及村民收入的增加，人们对居住条件有了更高的要求，不再满足于原来狭小的居住空间。纷

图6.26　永宁寺

纷划批宅基地另建新房,而逐步突破了原有的城墙范围,开始在城墙外侧建房。但宅基地大小与道路宽度均与老村内保持一致。

(2)蒋村正月民俗活动

蒋村文化丰富多彩,其中对村落形态影响最大的是蒋村正月民俗活动。活动自农历正月初一始,至二月初二结束,形式独特,环环相扣,繁而有序,2007年被评为陕西省第一批非物质文化遗产。作为传统的民间春节欢庆活动,蒋村正月民俗活动体现出了与远古时期岁末傩祭、夏商周时的岁首卜丰歉、祝"改岁"、祈丰年等古老活动的历史渊源,其形式也带有不同时代的印记。蒋村村民按历史习惯和居住方位分为东门、西门、南门、北门四个居住群落。按照世代沿袭的规矩,东门和西门对垒,南门和北门对垒。但四门不能同时对垒。两方对垒时另外两方作为对垒双方的盟友各助一方。内容主要有蛮鼓挑战和板对征逐两个环节,活动需要在四门之间以及城墙范围之内进行。(图6.28)

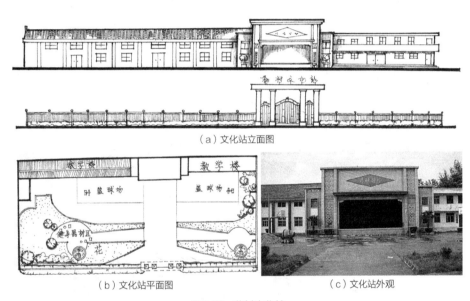

(a)文化站立面图

(b)文化站平面图　　(c)文化站外观

图6.27　蒋村文化站

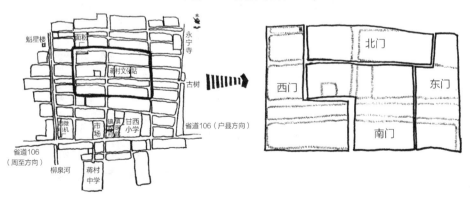

图6.28　蒋村分片图

（3）蒋村正月民俗活动对村落形态的影响

蒋村传统文化对村落形态的控制和影响力主要体现在：

第一，蒋村老村为规整封闭的方形村落，形态清晰、严谨，正月民俗活动依附这种形态产生、定型，有固定的行进路线，从东门出发，向北经永宁寺西行，围绕老村落（原村落城墙所在基址）行进一周。现在虽然墙已被拆除，但地址仍在，每次活动依然会遵循原有路线。游行路线的固定强化了村民心目中"老村"的位置与形态。村落人口虽然增长迅速，但新增人口在宅基选择时也会就近老村，老村的中心性和凝聚力促使整个村落发展呈内聚、向心的团状，并按圈层式向外扩展，村落形态、功能均保留完整，无明显离心趋势。（图6.29）

第二，为适应活动中的对垒需要，蒋村村落分为4个片区，村民也由所居住的位置划归4个片区之内，即使家中子女长大搬离老村而新建宅院，其仍然称自己是"某片人"，而不论其现居于村中何地。在蒋村人心目中老村是其根、其魂。无论居于村中何处，其精神家园都在老村的某一个片区内，即他们仍"居住在"老村中。蒋村现有人口4000余人，是户县人口最多的行政村，为了管理方便，镇上也曾经打算将蒋村划分成几个行政村，但村民极力反对，在村民心目中，他们都居于老村内无法分割。这与祖庵村的分裂形成鲜明对比，祖庵村由于缺乏凝聚的核心而被划分为四个行政村。

第三，共同的文化传统增加了村民的自豪感和认同感，活动中对于村中美好事务的颂扬及对丑恶现象的无情鞭挞促进了民风建设，村中民风淳朴，村民互相帮助，集体荣誉感较强，积极参与各项集体事务，维护村中公共空间、街巷空间及公共设施，客观上促进了村落节点空间的发展（图6.30）。

图6.29　蒋村村落环境

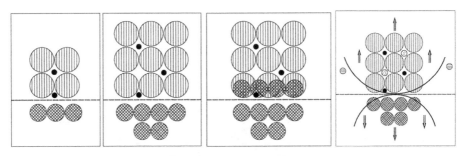

● 村落　● 镇子　● 节点空间　◎ 家庭产业　⊖ 乡镇企业
现状分析图

图6.30　蒋村形态分析图

第四，蒋村是蒋村镇镇政府所在地，与其他村落在城镇化过程中被肢解、吞并最终消失不同，蒋村强烈的文化凝聚力阻止了镇域范围的肆意蔓延，镇子在蒋村南部"贴"于村外呈线性发展，两者相互依托却不强行干涉，保持了各自功能、形态的完整及有机性。

2. 经济延续型村落——井溢村

经济延续型村落指村落的经济结构仍以传统农业为主，没有其他产业或产业规模较小，无力控制村落形态的发展，村落受外界指令影响不明显，形态更多地保留了历史时期村落的诸多特征，如韩城西庄镇井溢村。井溢村相传村头有井水溢出而得名，村中早年也有集体产业，但现在已经关闭，村民多以传统农业为生。由于村中耕地减少，年轻人多出外打工，留下老人在家中耕作，导致了"空心村""空费化"现象在一定程度上的滋生。村中还保留有过去的文化站、戏台等公共空间，一些遗留下来的精美老宅也体现出这个村庄昔日的辉煌。由于受外来影响较小，村落整体还保留着有机生长、静态、内向的整体格局。经济延续型村落的特征与传统村落相似，在此不再重复论述。（图6.31、图6.32）

3. 形态延续型村落——党家村

党家村位于韩城市东北约10公里处，东距黄河仅3公里，被评为"国家重点文物保护单位""中国历史文化名村"。村落整体作为一种文化旅游资源，物质形态被完整地保存下来，村落格局、民居形式、外部装饰，甚至家具、树木等都像化石一样被保护下来。村落形态为韩城地区典型的村寨分离型，形态完整，村中保留有大量明清时期的宅院、祠堂，还有涝池、水井、文星阁等建筑。正如日本建筑学会农村计划委员会委员长青木正夫所云："党家村是东方人类古代传统居住村寨的活化石。"但像党家村这样完整的博物馆型保护的历史村落在关中地区并不多见，不具普遍性，且关于党家村的研究成果丰富，在此不再赘述。

图6.31 井溢村平面图

图6.32 井溢村实景

6.2.4 迁移撤并型

1. 迁移撤并型村落产生原因

上述三种村落形态的发展都是在原有村落基础上逐步演变的,迁移撤并型村落则不同,村落因各种原因离开原来基址,另选址重建。迁移的原因主要有生态迁移和工程迁移，生态迁移主要因为原村落地质、空气环境、水环境等生态原因不适合居住而将村落搬迁至新址。生态迁移型主要位于关中盆地周边靠近秦岭山脉和北部黄土高原的边缘地带等自然条件不适合居住或交通不便之处。除生态原因外，也有部分村落因重大工程建设占地而搬迁。如咸阳市渭城区周陵镇大石头村由于西安咸阳国际机场二期扩建而搬迁至新址。撤并主要是将远离主体村落散居的农户迁入主体村落内，使主体的自然村或行政村更加紧凑，集约化使用土地，减少各项基础设施的建设费用。

2．生态迁移型村落——西庄镇沟北村

沟北村位于韩城泌惠塬西南隅，因地处小渠沟以北而得名，西依梁山山系，北靠许庄、寺庄村，东与薛庄村连畔，南临小渠沟岸，距韩城5公里，距西庄镇4公里，108国道从村东通过，交通便捷。村中土壤肥沃，适宜种植小麦、玉米、豆类、棉花等农作物。沟北村高氏家族至宋代从韩城西南塬今芝阳乡弋家塬迁居而来，至今已有近千年历史。明末清初村中可耕种农田约1500余亩，人均5亩多，至中华人民共和国成立初期，耕地面积扩至2070亩，人口达299人，人均6.9亩。1957年，合作化以后，由于行政机构的变化，把田许庄并入沟北村，现在的沟北行政村包括了沟北村、沟北新村、田许庄三大部分。2008年，沟北行政村仅有耕地1432亩，而人口增至1705人，人均耕地面积不足1亩。（图6.33）

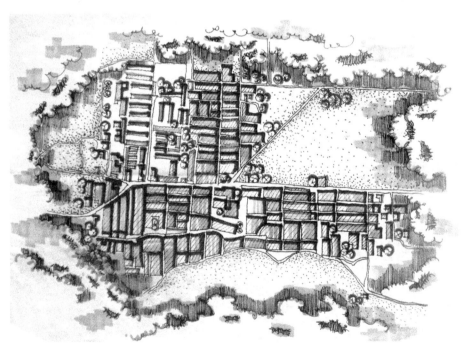

图6.33 沟北村现状平面图

沟北村选址之初，定居于泌惠源之上，小渠沟以北，既有利于安全防卫，又近水源方便取水，正符合了"高毋近旱，而水足用；下毋近水，而沟防省"的选址原则。明朝初期到清朝末年，是沟北村高氏家族创建家园的中兴盛世，村中老宅多为此时期建造，清朝初年沟北村至少有100～120座庭院，至2008年，还尚存50余座四合院，30多座三合院。这些合院传承了韩城地区的建造传统，建筑精美，注重装饰。村落沿小渠沟边缘呈东西向线状发展，北门到南沟畔，西门至东旱台，形成"丁"字形大巷，构成村中道路的主体，大巷宽约3～4米，南北110米，东西300米。支路呈南北向布局，用青砖和条石铺砌，宽度约2～3米。清同治年间，为了防弊匪患修筑了土城垣和护沟，全长428米，现仅存西城门和护村沟畔砖墙。

由于塬壁处黄土土质松散逐渐形成塌陷，村中邻近小渠沟的一些宅院有的已经滑入坡底，而且这种塌方还在继续，逐渐吞噬着原老村的民居（图6.34）。为了安全，村民纷纷将住宅向村北和村东迁徙，远离小渠沟，形成了沟北村新村。新村中的民居不再采用合院式，而是院落+主体建筑+附属建筑的形式。主体建筑多为单层或两层，面阔三间，供日常居住生活所用，附属建筑多为厨卫等服务性空间。（图6.35）

沟北村的迁徙是自发、渐进的过程，民居随着塌方的推进而逐渐搬离原来的住所。沟北新村紧邻老村逐渐生长，新村中南北向道路延续了老村中的支路肌理，符合了村落自然生长的有机规律。由于搬迁是自然所迫，而且过程是自发、渐进的，村落肌理和社会结构得以延续，所以迁徙并没有给村民生活带来巨大变动，村民生活节奏和生活方式得以延续。沟北村形态的未来发展要将民居逐步搬迁至生态安全范围之内，保持搬迁的稳定性、渐进性和传统结构的延续性（图6.36）。

图6.34 塌方的小渠沟

图6.35 沟北村实景

(a) 老村民居　　(b) 老村街巷空间
(c) 新村民居　　(d) 新村街巷空间

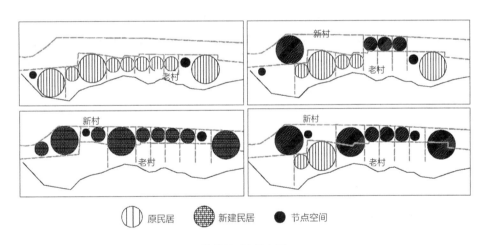

图6.36 沟北村形态的变迁

3. 工程迁移型村落——咸阳大石头村

大石头村位于咸阳市渭城区周陵镇东北方向3公里处，与咸阳国际机场相邻，距机场仅2.5公里。村中有农户289户，1200多人，耕地2200多亩，人均耕地1.8亩，全村共分为6个村民小组。大石头村经济以传统农业为主，主要种植玉米、葡萄、柿子等作物。村落团聚状发展，村内道路网状分布，结构清晰明确，民居多为近些年新建。由于咸阳机场扩建工程，需要征用大石头村所在土地，村落被迫整体向东南方向迁移300米建新村，搬迁后村落总耕地也将减少约600亩。现时期大石头村发展所面临的主要问题和矛盾有：

第一，与沟北村渐进、自发的迁移不同，大石头村迁移是被动和整体推进的。村落整体搬迁给村民心理带来诸多不适，虽然搬迁的距离只有300米，但安土重迁的村民将迁移视为灾难的象征而难以接受。现有的规划和设计方案无法延续老村固有的家族结构、文化传统，村民对新村普遍缺乏归属感和认同感。

第二，由于耕地被机场占用，耕地减少导致依靠农业生产为主要收入来源的村民生活受到严重威胁，村中外出打工者人数众多，主要以在附近咸阳和西安打零工为主，对补贴村民收入帮助有限，所以村落整体面临着经济转型的困境，但村民谋生手段有限，对未来生活普遍感到迷茫。并且由于搬迁补助发放不够及时，部分村民对搬迁产生严重的抵触情绪。

大石头村的搬迁是势在必行的，但在新村建设时首先要注意村落原有社会结构和村落形态结构的延续，保持村民生活的稳定性，增加其认同感和安全感。其次，新村规划要与村落经济发展相协调，在明确村落未来经济发展方向基础上，合理预留村落经济发展空间。

值得说明的是，虽然本书将关中村落形态划分为四种类型，每种类型都有自己的特点，但村落形态的成因和特征是千变万化的，每个村落都不尽相同。书中的划分方法是作者对于关中村落形态特征所做出的一种理论思考和尝试，而且这种划分方法不是绝对和唯一的，各类型之间会有交叉和融合，某个具体的村落可能会同时具备几种类型的特征。故本书中的实例会选取具有一定典型性和特征较纯粹的村落。

6.3 本章小结

本章是本书的结论性章节，在前几章分析研究基础上建构了作者关于现时期关中村落形态新的分类体系，明确了分类的方法，针对村落形态变化的外部动因如新的产业业态、城镇化的影响、工程迁移等内容将关中农村村落形态划分为产业主导型、城镇带动型、传统延续型、迁移撤并型4大类型。在对每一种类型选取典型村落进行深入的实践性剖析基础上，归纳与总结出各类型的优缺点及特征。为研究新形势下农村形态的发展提供了新的视角和研究方法，并为下一章各类型发展模式打下了基础。

7 — 现时期关中村落形态发展模式

7.1 关中模式

7.1.1 我国典型农村发展模式

农村发展模式是农村经济发展结构和运行方式在实践中的具体表现形式，是以经济因素为主要划分手段和原则的模式方法。由于文化背景和经济基础的不同，各地区、各村落的发展模式也不尽相同。在我国比较典型的农村发展模式主要有：苏南模式、温州模式、珠江模式、耿车模式。

"苏南模式"是由费孝通先生在20世纪80年代初率先提出的，通常是指江苏省南部苏州、无锡和常州等地通过发展乡镇企业实现非农化发展，走先工业化再市场化的发展模式。苏南地区人多地少，但农业生产条件得天独厚，又毗邻上海、苏州大等城市，容易接触到较先进的信息、技术和管理经验。这里还是中国近代民族资本主义工商业的发祥地，经济基础和氛围较浓厚，为乡镇企业的发展积累了宝贵经验和必要资金。其主要特征是：农民依靠自己的力量发展乡镇企业；乡镇企业的所有制结构以集体经济为主；乡镇政府主导乡镇企业的发展。这种组织方式将集体和社会闲散资本结合起来，很快跨越了资本原始积累阶段，实现了苏南乡镇企业在全国的领先发展。

"温州模式"是指浙江省东南部的温州地区，以家庭工业和专业化市场的方式发展非农产业，从而形成小商品、大市场的发展格局。小商品是指生产规模、技术含量和运输成本都较低的商品，大市场是指温州人在全国建立的市场网络。其基本特征为：经济形式家庭化，小商品大都是以家庭为单位进行的；经营方式专业化，有家庭生产过程的工艺分工、产品的门类分工和区域分工；专业生产系列化；生产要素市场化，按市场的供需要求组织生产与流通，资金、技术、劳动力等生产要素，均可自由流动；服务环节社会化。

"珠江模式"是人们对广东省珠江流域以广州、深圳等地为中心的14个市县，自改革开放以来向市场经济转轨过程中社会经济发展道路的概括和总结。改革开放后，珠江三角洲地区在从计划经济向市场经济转轨的过程中，利用国家赋予的优惠政策，以其独特的地理区位、土地和劳动力等优势，与外来资源相结合，创造了由地方政府主导的外向型快速工业化经济发展模式，走出一条具有中国特色的沿海地区新工业化发展道路。

"耿车模式"是江苏省宿迁市耿车乡在中国不发达农业地区发展乡镇企业的一种模式。耿车地区生产力发展水平相对较低，区域工业生产不发达，缺乏发展现代乡镇工业所需的必要的资金、技术和人才；集体经济薄弱，集体资金不足；区域中心城市经济技术辐射弱；区域中农业生产和自然资源开发相对发达。在这样的条件下，耿车人博采苏南、温州之长，一方面，从起点较低的家庭经营开始，发动家家户户办企业，为乡镇企业的大发展积累资金；另一方面，在现有集体经济的基础上，创办较高水平的乡村两级骨干企业，以带动全乡乡镇企业的发展，探索了一条在不发达农业地区发展乡镇企业的路子。[①]

7.1.2 关中模式

关中地处我国西部，其他地区的先进模式都是在本地区特殊的历史文化背景和经济基础之上发展而来的，它们走过的路、取得的经验可以在关中地区借鉴，有一定示范意义，但却无法复制。关中农村发展必须以它所处的自然条件、社会经济发展状况以及历史文化因素为基础，强调因地制宜，注重自身特点和实际情况。"关中位于西部不发达地区的区位特征，近代以来少有外来经济文化冲击影响，历史、农耕文化的深厚传统、工业化城镇化滞后、人口压力等表明关中农村发展既缺乏商品经济的历史文化积淀等内源性力量，又缺乏外来资金、技术、管理经验等外源性动力，更缺少了改革开放之初中国东部农村发展所面临的大好机遇和市场条件。所以，关中农村发展不可能走西方发达国家工业化过程中传统农村逐渐萎缩的道路，也不可能按中国发达地区的模式发展，关中农村发展所走的应是一条适应关中农村特点的道路。这就是在利用本地资源基础上，发展优势特色农业，推进农业产业化进程，提升农村经济内涵；同时借助西部大开发的历史机遇，依托关中城市群和产业集群的发展，关中—天水经济区建设的有利时机，争取国家政策优惠和资金扶持，以工促农、以城带乡，加快农村工业化和城镇化进程，推动城乡统筹协调发展"[②]的关中模式。

7.1.3 关中模式启示下的关中农村发展路径

关中模式是在深刻认识关中经济基础与经济发展现状基础上提出的适宜关中农村未来发展的理论模式，这个模式从宏观上为关中农村发展指明了目标方向。但农村的发展不仅仅是经济水平的提高和经济总量的机械增长，而应是经济、社会、文化等方面的协调进步，是村民感受到的幸福水平的增进。增加农民收入，

---

① 百度词条. www. baidu. com.
② 何军. 从关中农村变迁看新农村建设的战略选择 [N]. 陕西日报，2011-02-09.

改善农民生活，提高农民生活幸福感，将村落营建为适合生产、适宜居住的精神家园是村落未来发展的蓝图与目标。为了实现这个目标，现阶段关中农村发展应在顺应"关中模式"的前提下，切实完成好以下几条具体发展路径。这几条发展路径是针对关中模式具体实施的细化的方针，村落形态的发展不应脱离此发展路径，需要在认清农村发展现状与面临问题的基础上，顺应关中农村发展趋势与路径，在与村落协调发展前提下，探讨村落形态的发展规划和发展模式。

1. 促进经济高速、协调发展

1) 促进传统农业向现代农业转变

关中农村的发展不可能走发达国家工业化过程中农村逐渐萎缩之路，也无法重复东南沿海的发展模式，只能在立足适应关中农村特点的基础上探寻符合关中农村发展的独特道路。关中地区是传统的农业种植区域，自然条件适合农业尤其是种植业的发展。而其他农村产业如加工制造业、手工业等的发展则起步较晚，规模较小，无法形成产业优势与东部地区相抗衡。所以，依托良好的资源条件和区位优势，大力发展农业经济，促成农业优势产业区，提高农业产业对经济的贡献率，是符合关中农村发展的区域整体战略构想。但关中地区现在的农业发展水平较低，其农业在很大程度上还处于传统农业阶段，农产品多以零散种养为主，未能形成规模效应和集约效应，产品结构雷同。传统农业已经无法满足农村经济发展的需要，而必须向现代农业转变。

2) 积极调整村落内部产业结构

关中地区经济发展与东南沿海的差异不仅仅表现在经济总量与发展水平上，更为重要的是经济发展模式与资源利用方式的不同。关中地区人口密集，人均可经营土地面积少，土地开垦程度已接近极限。依靠扩大农业经营面积增加产出而提高农民收入的潜力有限，所以要增加农民收入改善农民生活不可能在农业产业内部解决，应积极调整村落内部产业结构。现如今关中农村产业结构单一，农民收入来源多限于土地收入和外出打工，农民增收后劲不足。且多数乡镇企业发展不容乐观，产业趋同，企业生产孤立，零散布局，规模不大，无法形成产业规模，且产业素质低，多为粗加工，低附加值产业，总体技术创新能力不足。故应大力发展非农产业，利用各种自然资源、交通优势、人力资源选择和培养主导产业，积极发展农村第二、三产业，增强其自我发展能力，扩宽农民增收渠道。

2. 积极推进农村城镇化发展

我国人口众多，片面依靠大中城市吸引农村人口的能力有限，加快农村城镇化发展是切实可行的思路和措施。关中地区是传统的农业种植区，农村面积广大，城镇发展相对缓慢，积极推进农村地区的城镇化发展是关中地区农村现实发展的重要路径。"作为不发达地区谋求发展的必要条件和促进经济增长的有效手段，城镇化对西部地区而言有着特殊的意义：（1）通过城镇特有的聚集效应和规模效应及广泛的影响力，可以把西部不同民族背景、文化背景、教育背景的人聚集在一起，为技术进步及外溢提供最佳环境，从根本上改变西部地区粗放的经济增长方式。（2）随着城镇化和非农产业的发展，可以把西部生态脆弱地区高度分散的人口，通过移民的方式集中起来，形成新的村镇……逐步摆脱自然环境对现代文明的束缚……（3）通过城镇化疏解农业人口，将使人均农业资源增加，农业经营规模扩大……（4）城镇化有利于退耕还林草等生态建设措施在西部地区的顺利实施，为恢复这些地区生态系统的良性循环提供了前提……"①

3．传承农村优秀传统文化

"仓廪实而知礼节，衣食足则知荣辱"，在农民温饱问题得以解决的今天，文化建设在村落发展中的地位日趋重要。文化不再仅仅是经济发展的附庸与点缀，而正在成为一种推动社会发展、改变社会风气的潜在资源与内在动力。关中地区是我国传统文化的主要发源地之一，也是民间文化传统积淀最深厚的区域之一。关中农村中现存的文化遗产及遗存内容丰富、种类繁多、历史悠久。其节日文化、饮食文化、口承文化、民间工艺美术文化等诸多民俗文化都极具代表性。其所蕴涵的独特的价值观念、民间信仰、思维方式和文化意识，是维护地域文化身份和文化主权的基本依据，也是建设先进文化的丰富精神资源和深厚文化根基。同时乡村文化不同于城市，是土生土长的文化，是生活于其中的村民认同的文化，是加强村落内部交流，构建和谐生活的重要途径与表达地方文化认同的重要方式。

4．农村治理应体现村民参与

传统社会长期分散的农耕经济以及在此基础上形成的小农思想是农村社会的基本特征，农民个人交往的局限性与生存资源的匮乏性使得其表现出一种对公共体的依附性，而这种公共体主要表现为以血缘和地缘为基础的家族、宗族体系。农民不能自己代表自己，而需要依靠别人——地方精英来表达自己的诉求。改革开放及家庭联产承包责任制的推行，促成了农民"经济自主权"意识的产生与扩展，也带来了农村科技、文化、教育及娱乐基础设施建设的突飞猛进，农民知识文化水平有了较大提高，传统观念受到冲击，平等观念、公民意识等现代意识开

---

① 张沛. 中国城镇化的理论与实践［M］. 南京：东南大学出版社，2009.

始成为新一代农民的主导观念。他们对于乡村事务特别是涉及自身利益的乡村事务表现出了强烈的参与意识，对村落形态的发展有了自我表达的欲望与能力。村民参与可以调动农民对乡村公共事务的热情和积极性，客观上推动农村公共事务的发展。

7.2 关中村落形态发展原则

关中人口稠密，村落众多，村落形态的发展还存在着许多问题，尤其是现在经济、社会剧烈转型与嬗变时期，村落空间系统正逐步趋于多元化发展，所面临的问题也日益复杂和尖锐，需要从理论和实践双重角度引导和规范其未来发展，制定发展原则，提出发展模式。本书正是应对此现状，提出了关中农村村落形态的发展原则和发展模式。此原则和模式的提出既是对关中现存问题与取得经验的分析和总结，也是对村落现实发展状况的解读与回应。

1. 村落形态的发展应立足和反映村庄经济的客观现实

现时期村落形态所存在的种种问题与矛盾的根源在于村落空间与村落发展之间的脱节，现有形态无法满足农村经济社会快速发展与转型。我国农村空间形态的发展长期处于自发状态，缺乏必要和行之有效的指导。近些年来，国家加强了对农村规划建设的监管与支持力度，农村不同于城镇社区，村落是兼具经济职能和居住职能的综合体，不仅需要满足村民的居住需求，更要容纳村民生存、发展的利益诉求。但现有的规划和整治集中于对村落空间、民居形式、公共设施的普及和改造，缺乏对村落经济结构的整体规划和对村民生产活动的关照。这样的规划整治容易停留于形态层面本身，虽然在改善村落人居环境方面起到了一定作用，但却没有涉及村落经济发展，而无法从根本上改善村民生活。"发展是硬道理"，没有村民收入的改善和提高，村落环境整治就会因缺乏资金的保证而成为无源之水。所以，村庄规划应考虑和容纳村庄经济的现实发展，针对现有经济特征，制定合理的发展模式和步骤，促进村落形态与村庄经济发展相互协调，和谐有序。

2. 村落形态的发展应沿袭和体现村落社会结构和文化传统

农村聚落的特殊性不仅在于它兼具生产的经济结构，还有以血缘关系为主的基础社会结构。关中村落血缘和家族氛围浓厚，家族结构和社会交往密切而复杂。村落重要事情如选取村干部、婚丧嫁娶时，家族的力量或影响就会凸显。村中的主要干部多由大姓人家选出，普通村民一般不会把自己手中的选票投给自己家族竞选者的对手，否则会受到同族人的指责甚至干涉。而在城镇社区中，各家庭之间无明显联系，表现出匀质松散的特点。村落中民居的位置因沿袭传统而具有一定的不可替换性，家族往往居住比较集中，交往也明显密切，较近的分布更加促进了家族内部交往的进行。村民从内心希望分布在家族周围，尽量避免深入到其他家族区域内。而现有的村庄规划往往忽略了村民对这种固化的社会结构的认同、依赖和渴望。缺乏对村落层级社会结构特殊性的关照，导致村落规划模仿和复制社区匀质、松散的分布模式，丧失了村落向心、层级分明的形态特征和村民的皈依感。

文化是村落形态发展中较为隐性和深层的因子，传统村落形态与村落文化是相容共生，反映与被反映的关系，村落形态承载和映射了传统文化的本质和内涵。传统村落主要体现了地方精英的审美喜好与文化倾向，村民意愿的表达较少，沿袭传统社会文化结构要强化村民参与村落事物的习惯，村民参与可以推进村落形态，融入更多村民智慧，而变得逐渐丰富。客观上可以打破国家政权对村落形态的消极干涉，使这种涉入变得更加亲切和充满认同感。如现在各级政府为了增进村落各项事业的发展在村落中设置了各种"配套"设施，但这种划拨的机构由于缺乏村民的参与不仅不能发挥其应有的作用，反而浪费了国家财政，打破了村落原有的和谐与连续性，与周围环境格格不入。

3．村落形态的发展应遵循和响应相关政策的引导

党的十六大提出，"统筹城乡经济社会发展，建设现代农业，发展农村经济，增加农民收入，是全面建设小康社会的重大任务"。这是党中央根据新世纪我国经济社会发展的时代特征和主要矛盾，致力于突破城乡二元结构，破解"三农"难题，全面建设小康社会所做出的重大战略决策。村落形态的发展应积极响应和遵循此方针，有效利用政策的支持，村落形态的发展不应仅局限于各自村落，要从区域发展的整体视角出发，顺势而动，推进本村的发展。现时期大力发展农村经济、提高农民收入与积极推进农村城镇化进程是国家对农村政策的两项最重要内容，村落形态发展要为农村经济发展与城镇化水平的提高提供方便和支持，使村落形态有利于而不是阻碍其发展甚至与之背道而驰。例如，关于祖庵村形态发展方向问题的思考，祖庵村在现在的城镇化进程中逐渐被祖庵镇吞噬，村落形态遭受肢解，其村落形态的发展该何去何从？如果拘泥于形态本身考虑，追求形态的完整性则应摒弃城镇化的发展影响，但这与国家政策背离，且违背了祖庵村经济、社会发展的现实需求。所以，其形态的发展要在顺应城镇化进程的前提下，寻求村落形态与城镇化协调有序发展。

4. 村落形态的发展应延续村落的生态优势

乡村聚落是原生态的人类聚落系统,拥有高度人工改造过的城镇所无法替代的生态职能与优势。乡村聚落中植被的高覆盖率在净化空气、涵养水源、蓄水防洪等方面都有重要的作用。其亲近自然、环境优美的生态优势也令人向往。但近些年来,村落生态环境遭受了巨大破坏,在工业、农业的双重污染下,村落的水资源、土壤、空气日益恶化。许多城市把农村看成天然的垃圾倾倒场所,加之农民自身环保意识薄弱,村落人居环境不容乐观。农村生态和谐是国家生态和谐的重要保障,也是经济可持续发展和社会不断进步的基础,保护农村生态优势和可持续发展意义重大,村落形态发展也要积极配合保护村落的生态优势。如合理规划企业在村域中的位置、规模、交通流线,保持与村落的合理距离,杜绝对村落生态的污染。村落建设治理规划要逐步完善农村基础设施建设,合理规划污水、生活垃圾等的处理,促进村落生态环境的保护与经济和谐、共荣发展。

7.3 关中村落形态发展模式

关中模式是关中农村发展的宏观指导,村落的各项活动都应以此为基本准则和行动标准,村落形态的发展也应以此为依据。根据所建构的分类体系下各村落影响因素与特征的差异,发展模式也不尽相同,分别归纳如下:

7.3.1 产业主导型村落形态发展模式

促进经济高速、稳定发展是现今村落工作的核心和重点,非农产业的迅速发展与普及也成为影响和改变村落形态最重要与最直接的因素。村落形态的发展要容纳和适应村庄新兴经济形态和经济结构的发展,不同产业类型对村落形态的影响方式各不相同。

1. 乡镇企业主导型村落形态发展模式

依托于乡镇企业发展的村落在关中地区较为普遍,乡镇企业在推动县域经济发展、促进农民增收方面起到了十分重要的作用。关中现有的乡镇企业主要有农副产品加工、矿产采选、加工制造、化学工业、建材产业等类型。总体来说,依托于乡镇企业发展的村落其形态具备以下特征:

企业的存在改变了村落形态原有的自组织特征，村落整体格局遭到肢解，企业成为村落形态发展的新的"生长极"和重要的外部指令，村落围绕企业快速生长。企业的存在吸引村落向其发展，村中人口和资源呈现向其靠拢被其吸引的态势，逐渐形成新的聚集点。新的聚集点不断生长、壮大，形成了与原有村落中心相对峙的新的中心，村落形态出现"双核心"发展。村中道路走向、尺度功能也趋向于为方便企业发展而调整。在企业与村落之间靠近企业一侧为了更有效地利用企业资源常会建造新的民居，形成线性聚集，原有村落形态逐渐瓦解、破碎。这种形态上的改变多发生在中观层面，微观层面相对较小。这是由于企业存在于村落周边地区，其经济业态、功能空间没有直接渗透进入村落和家庭内部，对于民居形式没有直接干涉。（图7.1）

产业经济可以直接、迅速地带动区域经济发展，但往往也伴随着形态的破坏与环境的污染，所以村庄在引进乡镇企业时要有所选择，坚决摒弃污染严重的企业，合理引入污染较小的企业，积极发展环保、无害的企业。在企业选址时，乡镇企业可以适当集中，防止"村村点火处处冒烟"的发展模式。

在具体的发展中，村落与产业之间应采取"隔"式发展，即在引入产业经济时应与村庄保持适宜距离，根据其污染程度，将其隔离在村落核心居住区一定范围之外，防止对村落生态环境的污染和对村落形态的干涉，且适宜的距离可以保证村民的日常生活不受干扰。同时又吸引产业留在村落产业半径之内，有利于村落与企业之间资源的合理共用，增加村民收入。对于村落自身而言，积极改善居住环境，使村落环境更具吸引力，引导村民居住于村中，保持村落形态的完整性，防止村落居住职能和经济职能的失调，防止村落生活异化。（图7.2）

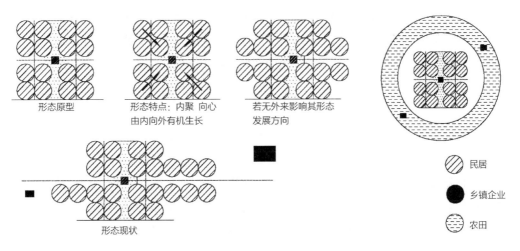

图7.1 乡镇企业主导型村落形态发展分析

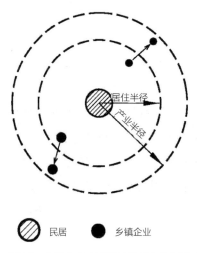

图7.2 乡镇企业主导型村落形态发展模式"隔"

2. 家庭产业主导型村落形态发展模式

与乡镇企业发展不同，家庭产业主导型村落以家庭为单位从事某种产业，以家庭成员为主要生产者，产业活动在家庭空间内部完成，产业的发展能兼顾农业生产，村落兼具生产与生活的职能与特征得以延续。村落整体形态改变度较小，村落空间结构和社会关系结构得以延续。形态的改变主要发生在微观层面，尤其是民居形式上。由于经济活动在家庭内部进行，民居形式必须适当调整以容纳新产业发展所需的全部空间。如在农家乐民居中，原来居于次要功能的厨房作用凸显，面积增大且突出了对外服务功能。而原来的饲养家禽的鸡笼、猪圈等空间则消失，民居的正房也转变为对外服务的旅馆功能。

家庭产业一般投资小、规模小，非常适合农民资金少且农闲时间充足的特征，既解决了农村剩余劳动力出路的问题，又弥补了传统农业生产收入不足的困境，在很大程度上提高了村民收入。而且家庭产业多为服务业、养殖业等第三产业和小产业类型，噪声、环境污染比乡镇企业明显减小，十分适合农村尤其是像关中地区这样商品经济市场相对落后，农民收入较低的农村地区。但是家庭产业也存在着明显的弊端，由于规模较小，无法形成集聚效应，不利于家庭产业的进一步发展。所以，家庭产业的发展要结合现实期"一村一品""一镇一业"等政策需求走集群化、集约之路，才能形成、壮大和提升发展，适度扩大产业空间在村落中的分布，将村民一家一户的小产业整合成以村、镇甚至县为单位的大市场、大产业，如上王村的农家乐、梁堡村的皮影、礼泉县的苹果等。（图7.3）

家庭产业的村落在形态规划中要注意发展村域产业与村庄整治和土地利用一体化规划，为产业发展与村庄整治规划合理的空间和模式。将分散在各农户家中的产业服务空间合理整合，以村庄为单位，规划、建设合理的产业服务性空间，提高服务效能。由于产业本身较小，所需空间少，可以鼓励村民利用现有村中空余房屋从事产业生产，尽量不占或少占耕地，节约土地资源。在民居建设层面，家庭产业型村落可按照"融"的模式发展，探索在不突破农户宅基地标准的前提下，规划建设既能满足生活居住又能融合生产的建房新模式，促进家庭产业有序发展。（图7.4）

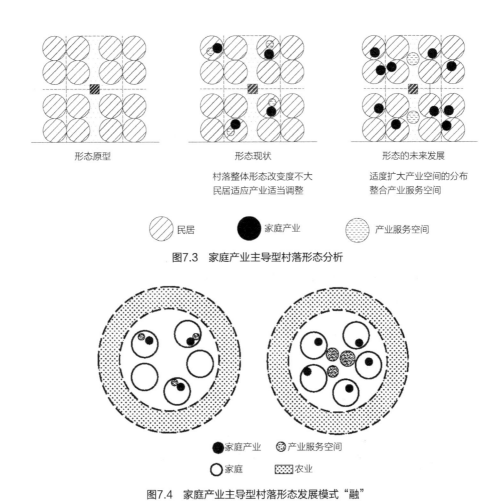

图7.3 家庭产业主导型村落形态分析

图7.4 家庭产业主导型村落形态发展模式"融"

7.3.2 城镇带动型村落形态发展模式

传统村落是内向的自给自足的社会，村落与外界联系和交流甚少，是独立、完整的居住单元，也是村民共同的家园和幸福生活的物质保障。村落在经济、文化、生活等方面不依赖其所在地域城镇的发展，与之相应，村落形态也呈现出高度的自制性和独立性。而现时期，村落在各方面与外界的交往与联系日趋增多，尤其与其所在城镇联系紧密，对城镇的依赖性日益增加。但城镇化不应仅仅是简单、机械地将农民转化为市民，其最终目标是使广大农民能够安居乐业，并非忽视甚至放弃农村建设。城镇化是农村人口向非农产业和城镇聚集的过程，是城乡人居空间布局的重新调整和分配，城镇化发展要走因地制宜多元化发展道路与模式。在经济欠发达的关中地区，城市化要集中突破，重点建设和发展县城镇，发挥其规模效应和集聚效应。①

　　城镇化是城镇主导型村落的历史发展必然，在这个过程中要注意以下几点：第一，城镇化的扩张必然导致村落用地被侵占，失去土地的农民也失去了其千百年来的生存方式，解决好被占土地农民的就业安置问题是城镇主导型村落未来发展最为关键的问题。中国农民安土重迁，关中农民尤其如此，就地安置，离土不离乡是农民最乐于接受的方式。所以，此类村落的发展尽可能优先安排当地村民发展小型商业、服务业，使其能够就近经营，是符合城镇化并有利于村民的双赢模式。第二，城镇化的发展必须稳步推进，不能一蹴而就。城镇化不仅仅是农村土地被侵占，更是农民生活方式、社会交往的转变。村落不同于社区，血缘亲疏在社会交往中起着重要作用，粗暴、机械地推进城镇化会割裂村民的社会交往，摧毁传统村落的社会结构。同时关中地区的乡镇一般规模较小，2009年，关中地区建制镇平均户籍人口5922人，城镇化吸引力明显不足，客观上决定关中的城镇化速度不会过快，村落形态逐步转型成为可能。（图7.5）

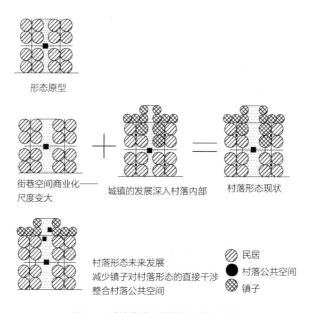

图7.5　城镇带动型村落形态发展分析

---

① 刘世定. 乡镇企业的区位选择和区位有效性 [J]. 改革，1997（02）.

农村城镇化意味着将会有大批农民转化为市民,大量农业用地转化为城镇建设用地。在这个过程中有一部分村落会逐渐转化为各级城镇,这些村落在功能、角色上的转变最终会导致村落形态的巨变,其形态的未来发展,要在顺应农村城镇化的大前提下,以保障村民居住的舒适性和社会结构的稳定性为目标,维持传统邻里关系,延续固有生活方式,逐渐向城镇型或社区型适度集约,使传统村落的各种脉络得以延续。宜采取"贴"式发展,即镇与村并行发展,镇子的发展不直接侵占村落的核心居住区,保留村落居住区原有形态不变,同时顺应和延续村民社交和心理结构,减少镇域形态对村落形态的直接干涉和肢解。在微观层面,民居建设应适度集约化发展,合理利用村中空地和废旧宅基地,利用现有镇域公共空间,减少村落公共空间,提高土地利用率。利用距离镇较近的有利区位,积极利用镇域基础设施,改善村民生活质量。(图7.6)

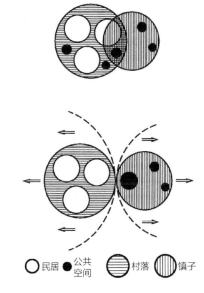

图7.6 城镇带动型村落形态发展模式"贴"

7.3.3 传统延续型村落形态发展模式

传统延续型村落指由于文化、经济、制度等各种原因而使村落整体形态得以延续的村落,现时期关中农村经济仍是以传统农业、种植业为主,农业收入在农民人均纯收入中所占比重较大,陕西从事农业生产经营住户中,63.8%的住户收入来源为种植业。2008年陕西农民人均纯收入中,种植业收入985.2元,占31.4%。[①]经济产业结构显示了关中农村中还大量存在着以传统农业为生的村落,这些村落形态的发展应当遵循传统延续型村落发展模式。(图7.7)

传统延续型村落形态的最大特征在于其村落整体形态的保留,村落格局、道路系统、边界等在自然演化过程中延续了历史村落的诸多特征,村落形态发展受外界指令影响较小。形态延续是村落文化传统、社会结构、经济体制延续的外在体现。延续的形态、文化、社会结构促进了村民稳定的心理结构和认同感,是村落发展的隐形"内核",其作用持续而强大,将村民牢牢地吸附于村落之中,民

---

① 陕西省村镇建设统计年报(2009年). 陕西省住房和城乡建设厅内部资料.

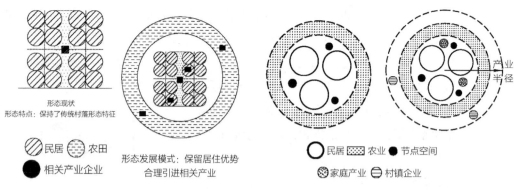

图7.7　传统延续型村落形态分析　　　　图7.8　传统延续型村落形态发展模式"延"

居、节点空间等在村落中稳定生长，面对外部作用的吸引而不轻易游移。同时，隐形的"内核"也增加了村民的自豪感和责任心，促进了村落公共事务的改进。家族与集体势力的强大、社会文化结构、生活方式的延续等内在力量无形中促进了村落形态完整性和集聚性的发展。村落也延续了历史村落适宜生活和居住的聚落特征，所以村落形态的未来发展也应尽可能保留和保护这些宜居的特征，采取"延"式发展。延续稳定的家族社会结构；传承和谐的邻里关系；保留完整、团聚的村落形态；保留凝聚的节点空间；延续民居位置和形制的稳定性。（图7.8）

延续的村落形态虽然保留了诸多宜居的特征，但促进经济发展提高村民收入也是延续型村落未来发展不容忽视的重心内容，其经济的振兴要在保留村落沿袭的宜居环境的前提和基础上发展，不得以损坏村落形态和环境为代价，使村落全面进步与宜居环境协调发展。

7.3.4　迁移撤并型村落形态发展模式

与其他三种类型村落形态发展不同，迁移撤并型村落形态的改变程度最为彻底，村落因各种原因离开原来村址，另选址重建村落。现时期，由于城乡统筹发展的深化，村落作为国家统筹发展的基础环节正在经历巨大变迁，迁村并点工作正在关中地区广泛深入展开，在这个过程中，会有很多村落面临迁移撤并的问题。加之现时期各类基础设施与重点工程的大规模建设，工程迁移型村落的数量也在逐年增加。由于迁移撤并型村落形态的突变性，在这个过程中如果没有合理、有效的政策引导，将会导致各类问题和矛盾的出现，所以此类村落形态的发展更需要研究者的关注与相关政策的规范。（图7.9）

迁移撤并型村落形态的发展要明确以下两点：第一，村落规划设计与建设不同于社区和居住区，村落是以血缘和地缘关系为基础的聚落，家族结构和文化传

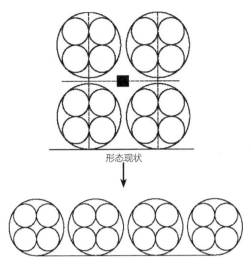
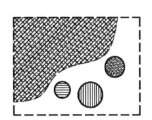
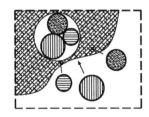

图7.9 迁移撤并型村落形态分析　　　图7.10 迁移撤并型村落形态发展模式"留"

统的强势与悠久是其存在的本质性特征，迁移型村落新村规划和设计中，要注意对村落社会结构、文化传统、邻里关系等固有结构的沿袭。在具体设计中，可以采用"留"式发展，保留原有邻里单元，村落格局、道路关系，民居特征等能够产生认同感和归属感的手法，注重村民内心意愿的表达。第二，村落的迁移往往伴随着耕地减少和经济结构转型，村落形态的发展要更加宏观和长远地响应村落未来发展的整体趋势，使村落形态发展与村落整体发展相协调和适应。（图7.10）

7.3.5 关中村落形态发展模式

综上所述，关中农村村落形态发展模式为：有选择有条件地引进工业类型，采取"隔"式发展，将工业产业隔离在村落核心居住区范围之外，减少工业产业对村落形态及生态环境的破坏；大力发展设施农业、手工业、旅游业等既能传承传统乡村居住优势又能有效增加村民收入的家庭产业类型，促进产业与居住环境相"融"发展，共同进步，适度扩大产业在村落中的分布，整合产业服务空间；协调城镇化与原住村落共同发展，采取"贴"的模式，减少城镇化对村落形态的直接干涉，既有效引入城镇化的各项便利又保留传统村落的居住优势，整合村落公共空间，集约化使用土地；保护传统延续型村落，"留"式发展，最大限度地保护和保留延续型村落的居住优势和特征，合理引入适宜产业，促进村落经济与形态持续发展；稳步发展迁移撤并型村落，采取"延"式发展，在新村建设时注重延续原有村落的社会结构和文化传统，增加村民认同感和归属感。（表7.1）

关中村落形态发展模式

形态类型			村落形态特征	优势	劣势	典型村落
产业主导型	乡镇企业		新的"生长极"的出现，导致村落产生线性拉伸	老村内部功能形态改变度不大，房屋空置率低	形态不完整，环境污染严重	韩城西庄镇东王村
	家庭产业	设施农业	形态整体改变较小，民居自身功能重构	延续传统村落居住模式优势，空置率低	民居形式	户县同兴村
		手工业				华县梁堡村
		旅游业				长安县上王村
城镇带动型			村落形态被肢解，改变度较大	渐变性改变	形态不完整，居住环境差	户县祖庵村
传统延续型	文化延续型		保持了原有村落形态的诸多特征	延续传统村落居住模式优势	村落缺乏新的经济、形态增长点	户县蒋村
	经济延续型					韩城井溢村
	形态延续型					韩城党家村
迁移性村落	工程迁移形		原有形态完全丧失		原有村落消失，村民对新村缺乏认同感	咸阳大石头村
	生态迁移形					韩城西庄镇沟北村

表7.1

现状形态图示	发展模式	发展模式图示	模式特征
形态现状：受外力吸引，生长出新的线性空间	将产业隔离于适宜距离	（居住半径、产业半径示意图）	"隔"
（产业与村落融合示意图）	产业与村落整体相融合，适度扩大产业分布规模，整合产业服务空间	（扩大后的融合示意图）	"融"
（镇子与村落相贴示意图）	减少镇子对村落的直接干涉，整合村落公共空间	（分离示意图）	"贴"
（规整村落形态示意图）	保持村落形态的延续性发展，适度引入新型产业	（引入新产业示意图）	"延"
（村落原址示意图）	村落迁移时保留原有特色和结构	（迁移后保留结构示意图）	"留"

7 现时期关中村落形态发展模式

7.4　本章小结

　　本章在对我国农村典型发展模式研究的基础上，明确了关中农村未来发展的"关中模式"，并针对此模式提出了实现该模式的具体和细化的关中农村发展路径。接着本书提出了关中村落形态发展原则：村落形态的发展应立足和反映村庄经济的客观现实；沿袭和体现村落的社会结构和文化传统；遵循和响应相关政策的引导；保护和发展村落的生态优势。在此基础上，根据上一章作者建构的现时期关中村落形态新的分类体系，针对各类型村落形态的问题和特征提出了适宜各类型村落形态的发展模式——"隔""融""贴""延""留"，为关中地区村落形态有序、健康发展提供了理论指导与借鉴模式。

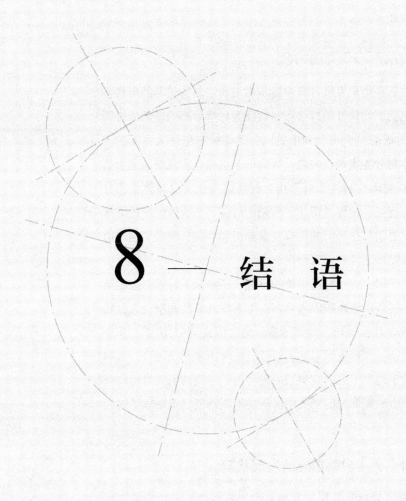

8 结语

本书的结论主要有以下几点：

1. 明确了村落形态、村落形态研究的内涵

本书指出村落形态是村落在历史发展过程中逐步形成和定型的村落的形状特征和精神态势，在内容上包括了物质性的村落形状特征等村落形态的表象，以及该表象所蕴含和反映出的村落的价值观念和审美取向等精神态势两大方面的内容。物质性的表象又可具体划分为宏观、中观、微观三个层面：宏观层面主要指村落空间规模与分布，包括村落空间体系的架构、村落的规模、村镇体系的分布；中观层面即村落形式与特征，主要是指一定时期内村落形态所体现出的形状式样及其特点；微观层面主要指村落形态的构成要素如街巷空间、民居形制、边界、节点空间等的特征和各要素之间的相互组织。

村落形态研究不仅包括了以上关于村落本体的研究，还涉及了村落形态的影响因素、类型划分等内容。村落形态影响因素众多，本书将其概括和整合为自然因素、经济因素、文化因素、社会结构、城镇体系、制度因素等6大因素，并总结了影响因素之间的作用机制，即影响因素的实效性、影响因素的交融性、影响因素的层级性三大内容。关于村落形态研究类型的划分按照不同的研究目的和研究基础有多种方法，针对历史时期和现时期关中村落的不同特征，本书以不同的分类方法进行了研究。

2. 客观地论述了明清时期关中村落形态的发展状况

首先，总结了影响因素的发展并分析了其对村落形态影响的具体表现，指出：自然因素对关中历史村落形态的影响是全面而深入的；经济方面，农业经济持续发展，但商品经济却不甚发达，分散的自耕农模式抑制了村落发展受商品经济和区域环境的影响，形态封闭并保持了自组织的形态特征；文化方面以农为本、安土重迁的社会心理结构，以血缘为基础的宗族观念、注重伦理道德的儒家思想、提倡道法自然的道家学说、趋吉避祸的宗教观念等都对村落产生了影响；社会结构方面，国家势力的弱化与村民权力的依附性共同造成了地方精英在乡村社会中作用的凸显；城镇体系方面，关中手工业商业不发达，市镇总量较少，市集、庙会等初级市场较繁荣，对村落促进作用有限，村落受市镇体系影响较小。

其次，本书描述了明清时期关中村落形态本体的发展，指出关中平原地区村落在空间分布上整体呈匀质化，但局部随机性特征较明显；中观层面总结了形态的6大特征，即自组织的空间形态、静态性、完整性、封闭性、层次分明、尺度

适宜；微观方面论述了村落构成要素的发展及特征，并剖析了形态的价值模式，即天人合一的自然观、价值同构的整体观。

最后，针对村落形态的特征，尤其是其自组织性和静态性，提出了适宜其研究的分类方法，即按照形态特征图示的不同将其划分为集村、散村、窑洞型村落三大类型，并对各类型进行了分析和总结。

3．客观真实地分析了现时期关中村落形态的新变化

首先，描述了影响因素的变化，指出：现时期自然因素对村落形态的影响日趋式微；经济方面，农村经济总量激增与非农产业的迅速发展成为影响和改变村落形态最直接、本质的原因；城镇化的推进改变了原有的城乡结构，村落对城镇的依赖性逐渐增强，成为影响村落形态发展的持续性因素；文化方面，私性文化的繁荣，瓦解了村落宗族、家族势力，导致了村落空间形态的匀质化；社会结构方面，国家权力的下沉，加强了各级政府在村落建设中的主导性，但同时也限制了村落形态的自由发展。

其次，通过具体、客观的数据描述了村落规模与分布；并总结出现时期村落形式的发展特征：它组织的空间形态、形态破碎、尺度失真、景观趋同等四大特点；最后分析了微观层面村落形态构成要素的发展；在此基础上进一步发掘出现时期村落形态的价值模式：信仰缺失下的"趋利"思想、文化匮乏下的"趋同"思想、技术强势下的"趋理"思想。

4．建构了现时期关中村落形态的分类体系

现时期关中农村社会、经济急剧变革，村落形态由典型的自组织体系演变成接受外来指令的它组织系统。传统的静态图示的研究与划分方法无力描述与解释村落形态正在发生的改变。因此，本书从当代村落的特征入手，针对村落形态变化的外部动因如新的产业业态、城镇化的影响、工程迁移等，将关中农村村落形态划分为产业主导型、城镇带动型、传统延续型、迁移撤并型4大类型。通过对典型实例的研究，分析各类型的特征和优缺点，为研究新形势下农村形态发展提供了新的视角和研究方法。

5．提出了关中村落形态的发展模式

本书在建构现时期村落形态分类体系的基础上，总结出各类型村落形态特征及其优缺点，抽象出各类型村落形态发展的普适性发展模式——"隔""融""贴""延""留"，为关中地区村落形态有序、健康发展提供了理论指导与借鉴。

图表目录

第2章 —— 表2.1　关中地区仰韶文化聚落群统计
资料来源：许顺湛. 陕西仰韶文化聚落群的启示[J]. 中原文物，2002（04）.

图2.1　关中区位示意图
资料来源：星球研究所http://www.iloveplanet.cn/

图2.2　关中地貌图
资料来源：中文百科在线.

图2.3　汉代关中水利工程图
资料来源：中国历史时期主要农业区的变迁　www.hudong.com.

图2.4　关中非物质文化遗产
资料来源：www.huashan.com.

图2.5　关中石器时代文化遗址分布图
资料来源：史念海. 黄土高原历史地理研究[M]. 郑州：黄河水利出版社，2002.

图2.6　关中早期农耕聚落原型
资料来源：周若祁，张光. 韩城村寨与党家村民居[M]. 西安：陕西科学技术出版社，1999.

图2.7　凤雏村遗址
资料来源：东方视角：www.whpaike.com.

第3章 —— 表3.1　陕西三大地区乡村聚落分布状况
资料来源：尹怀庭，陈宗兴. 陕西乡村聚落分布特征及其演变[J]. 人文地理，1995，12.

图3.1　自然因素对村落形态的影响
资料来源：自摄

图3.2　不同经济结构影响下的民居形式
资料来源：自摄

图3.3　党家村
资料来源：自摄

图3.4　影响因素的层级性
资料来源：自绘

图3.5　村落空间形成与扩展理论模型
资料来源：张小林. 乡村空间系统及其演变研究[M]. 南京：南京师范大学出版社，1999.

图3.6　村落合理规模
资料来源：张小林. 乡村空间系统及其演变研究[M]. 南京：南京师

范大学出版社，1999.

图3.7　村落形态构成
资料来源：自绘

图3.8　传统村落理想景观模式
资料来源：中文百科在线

图3.9　村落边界
资料来源：自摄

第4章

表4.1　明朝关中部分县耕地扩大统计简表
资料来源：转引自：田培栋. 明代关中地区农业经济试探［J］. 北京师范学院学报，1984（02）.

表4.2　明代全国部分地区分府税粮比较
资料来源：张萍. 明清陕西商业地理研究［D］. 西安：陕西师范大学，2004.

表4.3　清代陕西关中地区市集统计表
资料来源：刘景纯. 清代黄土高原地区城镇地理研究［M］. 北京：中华书局，2005.

表4.4　明清时期关中部分县城庙会频率
资料来源：张萍. 明清陕西庙会市场研究［J］. 中国史研究，2004（03）.

表4.5　清乾隆时期咸阳村落平均规模
资料来源：根据：张祖群. 清代以来咸阳村落的分布变化和社会之考察［D］. 陕西师范大学，2009. 所记载：减应桐纂修：乾隆咸阳县志·卷一·地理·清乾隆十六年（A.D1751）刻本影印本分析整理统计.

表4.6　明清时期韩城村落的平均规模
资料来源：周若祁，张光. 韩城村寨与党家村民居［M］. 西安：陕西科学技术出版社，1999.

表4.7　陕西不同区域乡村聚落比较
资料来源：尹怀庭，陈宗兴. 陕西关中地区乡村聚落空间结构初探［J］. 西北大学学报，1993，10.

表4.8　明清时期关中村落形态类型划分
资料来源：自绘

图4.1　蒋村城墙复原想象图
资料来源：村民提供

图4.2　梁家村地坑窑村落
资料来源：周若祁，张光. 韩城村寨与党家村民居［M］. 西安：陕西科学技术出版社，1999.

图4.3　桥头村村落形态
资料来源：周若祁，张光. 韩城村寨与党家村民居［M］. 西安：陕西科学技术出版社，1999.

图4.4　血缘关系与地缘关系
资料来源：自绘

图4.5　有机生长的村落格局
资料来源：自绘

图4.6　清代咸阳县政区示意与地理分区示意图
资料来源：张祖群. 清代以来咸阳村落的分布变化和社会之考察［D］. 西安：陕西师范大学，2009.

图4.7　形态同构的民居与祠堂
资料来源：周若祁，张光. 韩城村寨与党家村民居［M］. 西安：陕西科学技术出版社，1999.

图4.8　层级分明的村落空间
资料来源：自绘

图4.9　沟北村城墙遗址
资料来源：自摄

图4.10　村落形态构成——自然环境
资料来源：自摄、描绘

图4.11　民居
资料来源：自摄

图4.12　节点空间
资料来源：自摄

图4.13　历史时期村落街巷空间分析
资料来源：郑凯. 陕西华县韩凹村乡村聚落形态结构演变初探［D］. 西安：西安建筑科技大学，2006.

图4.14　街巷空间
资料来源：自摄

图4.15　历史时期村落边界
资料来源：（a）自绘，底图来源：周若祁，张光. 韩城村寨与党家村民居［M］. 西安：陕西科学技术出版社，1999；（b）自绘.

图4.16　村落理想景观
资料来源：www.baidu.com.

图4.17　集村
资料来源：周若祁，张光. 韩城村寨与党家村民居［M］. 西安：陕西科学技术出版社，1999.

图4.18　线状村落——长武县十里铺村
资料来源：李秋香，陈志华. 十里铺. 北京：清华大学出版社，2007.

图4.19　村寨分离型——党家村
资料来源：周若祁，张光. 韩城村寨与党家村民居［M］. 西安：陕西科学技术出版社，1999.

图4.20　散村
资料来源：周若祁，张光. 韩城村寨与党家村民居［M］. 西安：陕西科学技术出版社，1999.

第5章

表5.1 现时期关中村落规模（行政村）
资料来源：自绘

表5.2 现时期陕西三大地区村落规模比较（自然村）
资料来源：自绘

表5.3 现时期关中与我国其他典型地区村落规模比较（自然村）
资料来源：自绘

表5.4 现时期关中村落人口规模结构分布（自然村）
资料来源：自绘

表5.5 现时期陕西三大地区村落人口规模结构分布（自然村）
资料来源：自绘

表5.6 现时期关中村落人口规模结构分布与我国其他典型地域比较（自然村）
资料来源：自绘

表5.7 历史时期、现时期咸阳村落规模比较（自然村）
资料来源：自绘

表5.8 关中地区村落合并统计表
资料来源：自绘

表5.9 关中民居特征分析
资料来源：自绘

图5.1 关中村落人口规模结构分布
资料来源：自绘

图5.2 迁村并点示列
资料来源：自绘

图5.3 现时期村落形态的破碎化
资料来源：自绘

图5.4 蒋村正月活动路线图
资料来源：自摄

图5.5 过宽的村落道路
资料来源：自摄

图5.6 村旁的高架公路
资料来源：自摄

图5.7 村落中的大尺度建筑
资料来源：自摄

图5.8 笔直的道路
资料来源：自摄

图5.9 自然环境的作用
资料来源：自摄

图5.10 节点空间
资料来源：自摄

图5.11　街巷空间分析

资料来源：韩瑛. 陕西韩城郭庄村形态结构演变初探［D］. 西安：西安建筑科技大学，2006.

图5.12　梁堡村边界的变化

资料来源：自绘

第6章

图6.1　东王村街巷空间

资料来源：自摄

图6.2　东王村民居

资料来源：自摄

图6.3　东王村恶劣的环境

资料来源：自摄

图6.4　东王村平面图

资料来源：自绘

图6.5　东王村村落现状形态分析

资料来源：自绘

图6.6　东王村形态的发展

资料来源：自绘

图6.7　梁堡村平面图

资料来源：自绘

图6.8　梁堡村皮影制作分布

资料来源：自绘

图6.9　薛洪亮民居工具雕刻空间分析

资料来源：自绘

图6.10　梁堡村现状形态分析

资料来源：自绘

图6.11　皮影雕刻与民居空间的融合

资料来源：自绘

图6.12　村落形态的聚拢

资料来源：自绘

图6.13　梁堡村形态的发展

资料来源：自绘

图6.14　同兴村平面图

资料来源：自绘

图6.15　同兴村大棚种植

资料来源：自摄

图6.16　同兴村民居

资料来源：自摄

图6.17　同兴村村落环境

资料来源：自摄

图6.18　上王村鸟瞰
资料来源：google earth.

图6.19　上王村民居
资料来源：自摄

图6.20　商业化的上王村形态
资料来源：自摄

图6.21　祖庵村平面图
资料来源：自绘

图6.22　祖庵村现状形态分析
资料来源：自绘

图6.23　重阳路
资料来源：自摄

图6.24　祖庵村形态的发展
资料来源：自绘

图6.25　蒋村平面图
资料来源：自绘

图6.26　永宁寺
资料来源：自摄

图6.27　蒋村文化站
资料来源：自绘、自摄

图6.28　蒋村分片图
资料来源：自绘

图6.29　蒋村村落环境
资料来源：自摄

图6.30　蒋村形态分析图
资料来源：自绘

图6.31　井溢村平面图
资料来源：自绘

图6.32　井溢村实景
资料来源：自摄

图6.33　沟北村现状平面图
资料来源：自绘

图6.34　塌方的小渠沟
资料来源：自摄

图6.35　沟北村实景
资料来源：自摄

图6.36　沟北村形态的变迁
资料来源：自绘

第7章　——

表7.1　关中村落形态发展模式
资料来源：自绘

图7.1　乡镇企业主导型村落形态发展分析
资料来源：自绘

图7.2　乡镇企业主导型村落形态发展模式"隔"
资料来源：自绘

图7.3　家庭产业主导型村落形态分析
资料来源：自绘

图7.4　家庭产业主导型村落形态发展模式"融"
资料来源：自绘

图7.5　城镇带动型村落形态发展分析
资料来源：自绘

图7.6　城镇带动型村落形态发展模式"贴"
资料来源：自绘

图7.7　传统延续型村落形态分析
资料来源：自绘

图7.8　传统延续型村落形态发展模式"延"
资料来源：自绘

图7.9　迁移撤并型村落形态分析
资料来源：自绘

图7.10　迁移撤并型村落形态发展模式"留"
资料来源：自绘

参考文献

中文专著

[1] 彭一刚. 传统村镇聚落景观分析[M]. 北京：中国建筑工业出版社，1994.

[2] 李立. 乡村聚落：形态、类型与演变[M]. 南京：东南大学出版社，2007.

[3] 雷振东. 整合与重构——关中乡村聚落转型研究[M]. 南京：东南大学出版社，2009.

[4] 周若祁，张光. 韩城村寨与党家村民居[M]. 西安：陕西科学技术出版社，1999.

[5] 刘景纯. 清代黄土高原地区城镇地理研究[M]. 北京：中华书局，2005.

[6] 宫崎市定. 关于中国聚落形态的变迁[M]//刘俊文. 日本学者研究中国古代史论著选. 黄金山，孔繁敏，等，译. 北京：中华书局，1993.

[7] 史念海. 黄土高原历史地理研究[M]. 郑州：黄河水利出版社，2002.

[8] 秦晖，金雁. 田园诗与狂想曲——关中模式与前近代社会的再认识[M]. 北京：语文出版社，2010.

[9] 张萍. 地域环境与市场空间——明清陕西区域内的历史地理学研究[M]. 北京：商务印书馆，2006.

[10] 李刚. 明清时期陕西商品经济与市场网络[M]. 西安：陕西人民出版社，2006.

[11] 施坚雅. 中国农村的市场和社会结构[M]. 史建云，徐秀丽，译. 北京：中国社会科学出版社，1998.

[12] 王铭铭. 村落视野中的文化与权力[M]. 北京：生活·读书·新知三联书店，1997.

[13] 张小虹. 文化区域的分异与整合——陕西历史地理文化研究[M]. 上海：上海书店出版社，2004.

[14] 金其铭. 农村聚落地理[M]. 北京：科学出版社，1998.

[15] 费孝通. 乡土中国[M]. 上海：上海人民出版社，2013.

[16] 陆益龙. 农民中国——后乡土社会与新农村建设研究[M]. 北京：中国人民大学出版社，2010.

[17] 杨鸿勋. 建筑考古论文集[M]. 北京：文物出版社，1987.

[18] 邹冰. 小城镇的制度变迁与政策分析[M]. 北京：中国建筑工业出版社，2003.

[19] 张志良. 人口承载力与人口迁移[M]. 兰州：甘肃科学技术出版社，1993.

[20] 国家文物局，中国文物报社. 中华文明遗址统揽[M]. 上海：上海古籍出版社，2002.

[21] 李洪峰. 西安农村调查[M]. 北京：学习出版社，2004.

学位论文

[22] 李贺楠. 中国古代农村聚落区域分布与形态变迁规律性研究[D]. 天津：天津大学，2006.

[23] 赵之枫. 城市化加速时期村庄聚集及规划建设研究[D]. 北京：清华大学，2001.

[24] 张晓林. 乡村空间系统及其演变研究[D]. 南京：南京大学，1997.

[25] 王树声. 黄河晋陕沿岸历史城市人居环境营造研究[D]. 西安：西安建筑科技大学，2006.

[26] 何军. 关中农村发展变迁研究[D]. 西安：西北农林科技大学，2006.

[27] 张祖群. 清代以来咸阳村落的分布变化和社会之考察[D]. 西安：陕西师范大学，2009.

[28] 余斌. 城市化进程中的乡村住区系统演变与人居环境优化研究[D]. 武汉：华中师范大学，2007.

[29] 郭海成. 陇海铁路与近代关中城镇变动：1931—1949[D]. 天津：南开大学，2009.

[30] 韩瑛. 陕西韩城郭庄村形态结构演变初探[D]. 西安：西安建筑科技大学，2006.

[31] 郑凯. 陕西华县韩凹村乡村聚落形态结构演变初探[D]. 西安：西安建筑科技大学，2006.

[32] 杨俊峰. 黄土高原小流域人居生态单元平原型案例研究[D]. 西安：西安建筑科技大学，2005.

[33] 汪小宁. 试论关中小城镇发展模式[D]. 西安：陕西师范大学，2003.

中文期刊

[34] 肖莉. 乡镇形态结构演变的动力学原理[J]. 西安冶金学院学报，1994（04）.

[35] 谢吴同. 聚落研究的几个要点[J]. 华中建筑，1997（02）.

[36] 春燕. 明清时期陕北黄土高原上的村庄[J]. 甘肃社会科学，2007（04）.

[37] 田培栋. 明代关中地区农业经济试探[J]. 北京师范学院学报，1984（02）.

[38] 王巍. 聚落形态研究与文明探源[J]. 郑州大学学报. 2003（03）.

[39] 王路. 村落的未来景象[J]. 建筑学报, 2000（11）.

[40] 赵喜伦. 试论村镇居住建筑的形式与风格[J]. 华中建筑, 1998（01）.

[41] 任春洋. 关于"迁村并点"的政策分析[J]. 城市问题, 2000（06）.

其他 ——

[42] 陕西省统计局. 陕西五十年1949-1999[M]. 西安：三秦出版社, 1999.

[43] 陕西统计年鉴（历年）.

[44] 曹占泉. 陕西省志·人口志[M]. 西安：三秦出版社, 1996.

[45] 陕西省地方志编纂委员会. 陕西省志·水利志[M]. 西安：陕西人民出版社, 1999.

[46] 陕西省地方志编纂委员会. 陕西省志·农牧志[M]. 西安：陕西人民出版社, 1993.

[47] （嘉靖）陕西通志. 赵廷瑞修, 马理纂.

[48] （康熙）陕西通志. 贾汉复修, 李楷纂.

[49] （雍正）陕西通志. 刘龄义修, 沈青崖纂.

[50] （道光）陕西通志.（清）王志沂纂.

[51] （民国）续修陕西通志稿.

后 记

该书的主要内容源于作者的博士论文,在对关中地区农村田野调研的过程中,面对村落形态的无序与混乱,逐步萌生出研究村落形态发展的构想。此后,随着调研的深入与广泛,论文的构架逐步明确和清晰,并最终成书。

时至今日,随着乡村振兴战略的提出与实施,农业农村农民问题的根本性地位得以凸显,村落的发展日新月异,面临的问题也更加复杂。需要更为宽广的视野谋划新格局,更为细致的举措推动新发展,把握村落发展的重大机遇。故将拙作整理出版,呈现出彼时彼地的思考与探索,虽自觉才疏学浅,但希望能抛砖引玉,引发更多对乡村振兴问题的关注与思考。